Il n'y a que l'amour

Du même auteur

Théâtre

Lucky Lady, Boréal/Prise de parole, 1995.

Eddy, Boréal/Prise de parole, 1994.

Les Murs de nos villages, (coauteur d'un collectif), Rockland, Éditions Sainte-Famille, 1982; Prise de parole, 1993.

Le Chien, Prise de parole, 1987, nouvelle édition 1990.

Les Rogers, avec Robert Marinier et Robert Bellefeuille, Prise de parole, 1985.

Hawkesbury blues, avec Brigitte Haentjens, Prise de parole, 1982.

Nickel, avec Brigitte Haentjens, Prise de parole, 1981.

Poésie

Et d'ailleurs, Sudbury, Prise de parole, 1984.

Gens d'ici, Sudbury, Prise de parole, 1981.

Les Murs de nos villages, Sudbury, Prise de parole, 1983.

*Soixante et un exemplaires de cet ouvrage
ont été numérotés et signés par l'auteur.*

Jean Marc Dalpé

Il n'y a que l'amour

**huit pièces en un acte
trois contes urbains
une conférence
et un texte poétique pour une voix**

**Prise de parole
Sudbury
mars 1999**

Données de catalogage avant publication (Canada)
Dalpé, Jean Marc, 1957-
   Il n'y a que l'amour

Pièce de théâtre.
ISBN 2-89423-095-8

I. Titre.

PS8557.A458I4   1999   C842'.54   C99-930640-5
PQ3919.2.D34I4   1999

En distribution au Québec :   Diffusion Prologue
                                1650, boul. Lionel-Bertrand
                                Boisbriand (QC) J7H 1N7
                                450-434-0306

PRISE DE PAROLE

Prise de parole se veut animatrice des arts littéraires en Ontario français; elle se met donc au service des créatrices et créateurs littéraires franco-ontariens.

La maison d'édition bénéficie de l'appui du Conseil des Arts de l'Ontario, du Conseil des Arts du Canada, de Patrimoine Canada (Programme d'appui aux langues officielles et Programme d'aide au développement de l'industrie de l'édition) et de la Ville de Sudbury.

Dessin en page couverture: Marielle Dalpé
Conception de la couverture: Max Gray, Gray Universe

Copyright © Ottawa, 1999
Éditions Prise de parole
C.P. 550, Sudbury (On) CANADA P3E 4R2

ISBN 2-89423-095-8

Marielle

Trick or Treat

N. B.: Cette pièce et les quatre qui suivent ont été produites par le Théâtre de la Manufacture dans le cadre du spectacle «Trick or Treat». La première a eu lieu le 30 mars 1999 au Théâtre La Licorne à Montréal. Mise en scène de Fernand Rainville.

Cette pièce a été lue pour la première fois au Théâtre d'aujourd'hui dans le cadre de la Semaine de la dramaturgie du CEAD, édition 1997. Mise en lecture de Fernand Rainville.

Ce texte a été lu par l'auteur le 8 novembre 1996 au Collège universitaire de Saint-Boniface dans le cadre du symposium Canada: horizons 2000. Il a paru dans les actes du colloque, publiés par les Presses universitaires de Saint-Boniface.

Ce texte a été produit par la radio de Radio-Canada. Il a été lu par l'auteur. L'environnement sonore a été conçu et réalisé par Marcel Aymar.

Présentation

Ces textes ont été écrits au cours des dix dernières années. Certains ont été beaucoup joués, d'autres n'ont été lus à date qu'une seule fois en public. Ils ont tous été écrits pour la scène. Pour être dits à haute voix. Ils ont tous été écrits pour être reçus par un public. En chair et en os. En quelque part. En vrai. Pour vrai.

C'est mon métier.

Jean Marc Dalpé
Montréal, décembre 1998

Give the lady a break

un conte urbain (Montréal)

Ok. Here we go...

Hélène. Hélène Beaupré. 48 ans. Grassette, lunettes, ni belle ni laide mais! définitivement fatiguée. Qu'est-ce tu veux? Elle a deux garçons de 16 et 14 ans, un chien, un chat, une jobbe qui paie mal, un boss qui la fait chier, pis a' prend des cours du soir à l'université pour finir son bac en histoire... Elle a l'droit de pas avoir l'air de Catherine Deneuve, ok? Give the lady a break!

Ok.

Le mari, où c'est qu'y'est le mari? Le mari y'est pus dans l'portrait parce qu'il l'a quittée v'là deux ans pour une de ses étudiantes. L'histoire classique, archi-connue: Prof de philo à l'UQAM... Bang! Le jour de ses 45 ans, bang! La peur de la mort, le démon du midi — «J'ai besoin d'espace... J't'en train d'rater ma vie»... À la fin d'un cours, y reste l'étudiante, y reste lui, il l'a regardée, elle l'a regardé, sa quéquette s'est r'dressée, boum boum boum, trois orgasmes plus tard dans une chambre d'un tourist room sur la rue Ontario... Culpabilité! Regrets! Remords! Crise morale, crise éthique, crise existentielle... Résultat: Bye-bye Hélène. Fais-toi z'en pas, tu vas recevoir un chèque à tou'es quatre semaines.

— Va chier, Michel.

— T'sais c'est de ta faute aussi, ça s'fait à deux.

— Va chier, Michel.

— Ta thérapie! tu devrais peut-être retourner en/

— VA CHIER!!!!

L'histoire classique.

Le pire... Astheure y reste avec sa pitoune à Saint-Lambert.

Faut comprendre: Hélène, elle a toujours rêvé de vivre à Saint-Lambert. Depuis la naissance du premier qu'a' veut quitter l'appartement du Mile-End pour s'en aller à Saint-Lambert. C'est lui qui voulait jamais...

— Les ponts, Hélène! Pense aux ponts! Pis un bon bagel sur la rive Sud, oublie ça!

— Fait que tu t'en vas vivre à Saint-Lambert, Michel?

— Ben oui, on s'est trouvé une très belle maison victorienne sur/

— VA CHIER!!!!

L'histoire classique.

Ok. Here we go...

On est le 23 décembre. Trois heures de l'après-midi. Petite neige qui tombe du ciel. Gilles Vigneault qui parle de Natashquan à Radio-Canada. Le temps des fêtes, quoi.

Hélène est dans son char... la vieille familiale, cabossée, rouillée, qui tombe en morceaux. Michel, ce cher Michel, vient de s'acheter une Subaru de l'année. Mais je r'viendrai là-dessus plus tard. L'intérieur de la familiale ressemble à un dépotoir: des bouteilles de coke, des paquets de gomme vides, des vieilles copies d'examens, et au fond en arrière un amoncellement hétéroclite d'équipement sportif. Le bordel total, quoi! Mais t'sais, qu'est-ce tu veux avec la vie qu'a' mène, elle a l'droit de pas être Madame Reine-du-foyer, ok? Give the lady a break!

Ok. Here we go...

Hélène est dans son char, et ça fait exactement 47 minutes qu'elle tourne en rond se cherchant une place de libre dans le stationnement du centre d'achats Rockland.

Elle commence à s'énerver.

Un peu.

Elle a une liste de trois pages de cadeaux à acheter, pis à maison, y'a quatre lavages qui l'attendent et qu'elle doit absolument finir d'ici sept heures parce que ses parents, oui ses parents! arrivent en avion de Toronto à Dorval à 7 h 55. Sa mère l'a appelée la semaine dernière pour lui annoncer la bonne nouvelle Quelle bonne nouvelle, maman J'ai don' hâte de vous voir Les garçons vont être tellement... En raccrochant, Hélène s'est dit Non, je ne vais pas pleurer et elle ne l'a pas fait mais là elle en a envie S'il vous plaît quelqu'un laissez-moi...

Une place! Là! Dans l'autre voie! Oui! Si a' peut juste se/ elle pèse su'l'gaz... Trop tard!

D'un geste rapide et brutal, Hélène change le poste à la radio en pensant:
1 - Qu'y se l'fourre dans l'cul son ostie de Natashquan.
2 - Mon Dieu que j'parle mal.
3 - C'tait quand même beau c'qu'y racontait.
et 4... Qu'y se l'fourre dans l'cul, pareil!!!

Puis tout d'un coup, elle entend une voix chaleureuse, une voix pleine d'énergie, une voix qui va la chercher au fond de ses tripes...

— Yes Montreal! you're listening to Oldies 990! The radio station that only plays Oldies! only plays hits! only plays songs... that make you feel GREAT! The top of the charts from the 50's, the 60's and the 70's! The greatest hits from YOUR past!

Bang! Hélène Beaupré n'est plus dans son char.
Hélène Beaupré n'a plus 48 ans. Hélène Beaupré n'est plus môman...
Hélène Beaupré n'est plus Hélène Beaupré.
Hélène est de nouveau cette jeune adolescente belle et svelte debout devant le cinéma de sa ville natale...

Help! I need somebody!
Help! Not just anybody!
Help! You know I need someone! Help!

Non, Hélène n'est plus Hélène! Elle est de nouveau...
Ellen.

12

Eh oui, Ellen. Ellen McMurtry from Hamilton the home
of the Tiger Cats Ontari... a... ri... o! Hi!

Non! Non, j'veux pas être elle! Non! Fuck you Oldies
990! Fuck you!

Fuck, fuck, fuck, fuck, fuck... fuck! mais Ô le plaisir, le
plaisir de dire, le plaisir de retrouver dans sa bouche ce
F majuscule! ce u prononcé comme un a avec un accent
circonflexe! Ouvert, c'est un a ouvert... Fââââ... ouvert,
tellement ouvert que s'en est indécent... Fââââ... et la
finale! Fâââ... wait for it, here it comes, attention...
Fââââ... âck! Ô!

Faut comprendre: Ça fait trente ans, trente ans! qu'Hélène travaille pour la reléguer aux oubliettes, Ellen
McMurtry.

Elle a tout' fait. Tout', tout', tout', tout', tout'!

Des cours d'immersion, des cours de diction, des cours
d'histoire du Québec.

Elle a marché pour le McGill français, elle a marché
contre le Bill 63.

Elle a été à toutes les fêtes de la Saint-Jean sur la
montagne et elle connaît toutes les chansons par cœur.

Chez elle, elle a une copie du manifeste du FLQ, une
copie de tous les disques de Félix, et cinq! cinq copies
de *L'Homme rapaillé* de Gaston Miron.

Elle a lu les œuvres complètes de Claude Gauvreau,
Jacques Ferron, Anne Hébert, Michel Tremblay, et croyez-
le ou non, même! même celles de Victor-Lévy Beaulieu!

13

Elle a tout' fait... tout', tout', tout', tout'...

Mais là elle sent qu'elle est en train de craquer. C'est trop, tout est trop, trop trop trop, Michel pis sa pitoune à Saint-Lambert, ses parents qui débarquent, pis y'a pas d'place à parker dans c't'ostie de... Pis là ça fait cinquante minutes, sacrament!!!

Des fois ça prend pas grand-chose pour qu'une anglophone craque.

Une toune des Beatles. Des fois tout c'que ça prend c'est une toune des Beatles. Yes, one Beatles song and... (imitant une voix d'annonceur de film d'horreur) «She's back! Ellen McMurtry is back!»

Non! Non! J'veux pas!

J'veux pas être ELLE, se répète Hélène, puis elle entend une petite voix dans sa tête...

— La radio, Hélène. La radio. Change de poste...

— Oui! Oui! C'est ça! La radio!

— Vas-y Hélène. T'es capable.

— Oui! Vite!... Je dois... remettre... Radio-Canada... Gilles... Gilles Vigneault... Aide-moi...

Mais juste comme elle vient pour toucher au bouton...

— Don't touch that dial! You're listening to Oldies 990 and this is... Beatle Mania!!!!

NON!!!!

O Let it be. Let it be.
Let it be. O Let it be.
Whispers words of wisdom

Hélène Beaupré est sur le point de disparaître complètement au profit de Ellen McMurtry quand...

Une place!!!!!

Alléluia! Une place! Juste là devant elle. Devant elle!
Une auto qui sort! Une auto qui recule. Juste là. Là
devant elle! Hélène Beaupré est sauvée! Ellen McMurtry
peut s'en r'tourner à Hamilton fucking Ontario parce
qu'Hélène Beaupré est sauvée. Sauvée...

...jusqu'à c'qu'une grosse Lincoln Continentale blanche
qui vient dans l'autre direction lui vole sa place.

— Hey Hélène are you going to let him do that to us?

— Ta gueule, Ellen!

— No but don't you think...

— Ellen, ta gueule!!!!

L'homme qui sort de la Lincoln a à peu près cinquante
ans, il porte un manteau de fourrure et un casque de
poil, t'sais, ceux avec la p'tite queue de raton laveur.
Son nom c'est Patenaude, c'est un contracteur-
électricien, il vit à Laval, vous le connaissez... Vous le
connaissez pas, mais... vous le connaissez.

— Hey Hélène I really think you should do something.

— Ellen, s'il te plaît, s'il te plaît!

— Ya but he's got a dead animal on his head.

Hélène est obligée de lui donner raison là-dessus. Elle sort donc de sa voiture, et lui adresse la parole d'une voix polie mais tremblotante:

— Excusez-moi, monsieur, mais je crois que vous avez pris ma place.

L'homme ne la regarde pas.

— Excusez-moi. Monsieur!

L'homme lui tourne le dos.

— Monsieur!

L'homme s'éloigne comme si de rien n'était.

La voiture derrière celle d'Hélène Beaupré klaxonne.

Hélène Beaupré se plisse les yeux. Ellen McMurtry makes her move.

— HEY! ASSHOLE!»

Sans se retourner l'homme qui s'éloigne lève le bras et lui fait...

Un signe obscène du doigt.

Dans le stationnement du centre d'achats Rockland on peut entendre:

It's my party, and I'll cry if I want to, cry if I want to. You would cry too if it happened to you.

Courte pause.

16

Quelques trois ou quatre minutes plus tard, après avoir remis à sa place, à l'arrière de la familiale, le bat de baseball de son fils avec lequel elle a fracassé les phares, la fenêtre du conducteur et le pare-brise de la Lincoln Continentale blanche de M. Patenaude, Hélène et Ellen quittent le stationnement du centre d'achats Rockland en faisant crier les pneus de la familiale tout en chantant ensemble avec la radio maintenant:

Jingle bell, jingle bell, jingle bell rock.

Oui, Ellen chante, et Hélène sourit.

Hélène sourit
sur l'Acadie
Hélène sourit
sur la Décarie
Hélène sourit
parce qu'elle se dit
que ça va être le plus beau Noël de sa vie!
Fuckin' right ostie!
Aussitôt qu'a' s'ra de retour de Saint-Lambert
après avoir fait' la jobbe au Subaru vert
de son ex-mari.

And it's a swell time, it's a fine time
to rock the night away...

— Hey Hélène are we really going to do that to his car?

— Ellen, what can I say... sometimes... fuck, une fille faut qu'a' fasse c'qu'une fille faut qu'a' fasse.

Fin.

Thank you very much. Merci beaucoup.
        NOIR.

17

Blazing Bee to win

une pièce en un acte

PERSONNAGES
ALBERT, 56 ans, ex-chauffeur de taxi, en chaise
roulante.
JOANNE, 34 ans, sa fille.
GERRY, 37 ans, un ami d'Albert.
La voix de l'annonceur.

LIEU ET TEMPS
Nous sommes au bar du Club House d'un hippodrome,
entre la sixième et la septième course.

Au début, il n'y a que Joanne et Albert sur scène. Tous
les deux sont très bien habillés. Joanne porte un
tailleur, des souliers à talon haut, des boucles d'oreilles
extravagantes. Albert porte un habit «look yachting»
avec la casquette de capitaine et tout. Avant qu'ils ne
parlent, on doit avoir l'impression de se retrouver
devant deux personnages de la «haute».

VOIX
...et donc encore c'était Honey Dew pour deux et
quatre-vingt, Jack Sprat pour deux et dix et, et, et...

ALBERT
Martini Special.

VOIX
Martini Special qui payait une et quart. Fifteen minutes

19

to post time. Quinze minutes avant la septième.

JOANNE

Ça y prend du temps à ton chat d'gouttière.

Elle s'allume une cigarette.

Cou'don' chriss... Tss, l'étiquette!

ALBERT

Que c'est?

JOANNE

L'étiquette, chriss, j'ai oublié d'enlever l'étiquette.

ALBERT

Penche-toé, j'vas te l'arracher.

JOANNE

Depuis tantôt que j'me promène avec ça dans l'dos, j'te gage.

ALBERT

Envoye, penche!

JOANNE

Une vraie colonne!

ALBERT

M'a l'arracher.

JOANNE

Non, non, fait yenque le r'mettre en d'dans où ça paraît pas. J'veux pas que tu déchires rien. Au prix que t'as payé.

ALBERT

R'commence pas, c't'un cadeau.

JOANNE

Je l'sais, Pa. Mais dépense-lé pas tout' l'argent d'la maison, tu pourras pas te la payer la nouvelle place.

ALBERT

T'es-tu contente?

JOANNE

Ben oui, j'contente.

ALBERT

T'as l'air d'une princesse.

JOANNE

Arrête de m'chanter la pomme, toé. Une princesse!
Tabarnak!

> *Pause.*

Hey! T'en as passé du temps, icitte.

ALBERT

Ben oui, c'est ça.

JOANNE

Tous ces soirs-là par semaine que t'a laissais M'man
pour/

ALBERT

Exagère pas.

JOANNE

Trois, l'été!

ALBERT

Jamais!

JOANNE

L'été?

ALBERT

Pantoute.

JOANNE

T'as menti!

ALBERT

Jamais trois.

JOANNE

Même des fois?

ALBERT

Des fois deux...

JOANNE

Pas trois des fois?

ALBERT

Jamais.

> *Pause.*

JOANNE

(en souriant) Quand a' t'voyait arriver avec tes osties d'fleurs...

ALBERT

Ouain... ou bedon' avec la barre de chocolat Neilson.

JOANNE

Ostie!

ALBERT

Ostie!

> *Courte pause.*

Cou'don' y r'vient pas lui?

JOANNE

C'est-tu vrai pour quand j'suis née?

ALBERT

Ben oui.

JOANNE

Tu peux ben rire, toé.

ALBERT

Que c'est tu voulais que j'aille faire là?

JOANNE

Mais c'est-tu vrai que t'avais gagné?

ALBERT

Certain! Cent quarante/

JOANNE

Non, non, mais c'est-tu vrai-vrai? J'sais que c'est ça que t'as toujours conté, mais t'aimes ça beurré des fois.

ALBERT

Qui?

JOANNE

Toé.

ALBERT

Beurré?

JOANNE

Ouain, beurré.

ALBERT

Moé?

JOANNE

T'aimes ça/

ALBERT

C'est mentir...

JOANNE

Ben yenque/

ALBERT

T'es-tu en train/

JOANNE

Un peu, un peu...

ALBERT

De m'accuser/

JOANNE

Pas moé!

ALBERT

D'avoir menti à ma p'tite fille?

JOANNE

Pas moé, pas moé!

> *Pause. Joanne regarde le programme des courses.*

JOANNE

On a-tu d'la parenté à Anjou?

ALBERT

Pour que c'est?

JOANNE

Charette, icitte...

ALBERT

(Changeant de sujet) C'tait ben plus' beau avant, le Club House.

JOANNE

Ostie d'talon haut à marde! J'sais pas comment c'qu'y font les femmes qui portent ça tout l'temps!

ALBERT

L'horloge qu'y'a là... Cou'don' c'est pas la bonne heure.

JOANNE

Sont pas tout' habillés chic and swell, icitte.

ALBERT

A' cent ans au moins, t'sais.

JOANNE

'Est arrêtée.

24

ALBERT

À midi ou à minuit?

JOANNE

Doit pus marcher.

ALBERT

Tu l'avais remontée une fois.

JOANNE

Quand?

ALBERT

'Tite fille.

JOANNE

Jamais d'la vie.

ALBERT

T'en rappelles pas?

JOANNE

Ç'est la première fois que j'viens, que j'mets les pieds
icitte d'dans.

ALBERT

Non, non, j't'ai d'jà amenée.

JOANNE

Voyons toé, tu voulais jamais/

ALBERT

C'est ta mère qui voulait pas.

JOANNE

M'en rappelle pas.

ALBERT

C't'une grosse clef... Le bartender — c'était quoi son
nom encore?

JOANNE

M'en rappelle pas.

ALBERT

Du cheval? T'en rappelles pas du cheval?

JOANNE

M'en rappelle pas.

ALBERT

Pis d'Lucky? C'est lui qui nous avait fait passer pour que j'te montre les écuries. Tu t'en rappelles de Lucky? Tout l'monde s'en rappelle de Lucky!

JOANNE

M'en rappelle pas.

ALBERT

Un Irlandais. Un vrai Irlandais pareil comme dains vues, pareil pareil, avec la face pleine de taches de rousseur pis tout'. Y portait toujours une p'tite calotte en plus'.

JOANNE

M'en rappelle pas, Pa.

ALBERT

Un grand slack. Jeune, y'était p'tit. Pensait même faire jockey...

JOANNE

Pa...

ALBERT

Sauf que Bang! à seize ans y s'met à pousser comme d'la mauvaise herbe, fait qu'y r'vire entraîneur...

JOANNE

Pa...

ALBERT

Deux ans après, y s'en spotte un. Albert qu'y m'dit, that's the one, that's the one qu'y m'dit.

JOANNE

Quel âge que j'avais Pa?

Courte pause.

ALBERT

M'en rappelle pas. Comment veux-tu que j'm'en rappelle de ça? Non, mais écoute, écoute ben. Si j'avais eu cinq mille dans l'temps pour le suivre, j'aurais pas raté mon coup. Parce qu'y l'a fait' Lucky, l'a fait' and a half!

Pause.

JOANNE

J't'aime Pa. Tu l'sais-tu ça? Vieux fou, vieil ours... J't'aime and a half pis en tabarnak en plus' de ça!

Gerry entre avec un sac à la main. Il porte une chemise hawaiienne.

GERRY

Quiens! Un vingt et deux, quarante, pis tac tac tac, ça fait le compte, bonhomme! J'ai-tu un tip? J'ai-tu un tip? Tu viens de te faire deux aller-retour à l'aéroport sans avoir à cracher une cenne pour le gaz, bonhomme! C't'un bingo-à-gogo ça! Là y t'en reste cinq avant la septième... Cou'don c'est pas la bonne heure ça.

JOANNE

Arrêtée.

ALBERT

Midi ou minuit?

GERRY

Stuck in time! Lost in space! La fav c'est Belle. Le mot
c'est qu'y'a pas un chat qui la touche avec ou sans
bouette sauf Rock'n'Roll si y trouve sa place pour le
stretch pis avec Trudeau en selle faut s'checker les
claques. *(baissant la voix)* Blazing Bee c'est comme si
elle était pas là... On parle gros, bonhomme. On parle
ticket fun in the sun c't'hiver, on parle qu'on va t'poser
un moteur là-dessus, vroumvroum, ostie! on va t'accro-
cher une barouette en arrière, tu pourras r'commencer à
faire du taxi! Awright A-one!

JOANNE

On r'descend dains estrades voir la course?

GERRY

Wo! Là, c'est l'temps des cadeaux. C'pas grand-chose
mais c'est pour compléter ton look: l'indispensable outil
d'un vrai... pis à partir d'aujourd'hui, j'veux dire d'un
vrai de vrai! de la track! *(mettant sa main dans le sac)*
Moé là...

> *Courte pause.*

J'tout' excité... Tadam! *(en sortant un coffret de jumelles)*
Hein, chriss? Pas pire, hein?

> *Albert le prend et en sort les jumelles.*

J'les ai eues pour un cinq chez Doyon. Tu l'cré-tu? Un
cinq! Y'a une crack icitte mais on voit ben pareil. La
case, ostie! As-tu checké la case? La case vaut vingt!
Première classe, la case. C't'une case A-one!

ALBERT

T'aurais pas dû Gerry.

GERRY

J'oublie pas, Gerry oublie pas... un éléphant... mémoire
de! *(à Joanne)* C't'un homme, ton père. Y m'a montré...

j'ai appris... y m'a ramassé, m'a ramassé quand... Entéka, j'tais bas, ben bas...

ALBERT

Oublie ça.

GERRY

C'était pas drôle. J'voyais pas l'boutte du tunnel, pis y faisait noir là-d'dans. Ça peut être long en tabarnak quand tout c'que t'as dans vie c't'une tv pis une bouteille, pis des fois tu t'mets à penser à des affaires... Entéka, tout c'que j'veux dire là, c'est que, entéka... *(à Albert)* T'as un rêve? Va le charcher! Hein, Bonhomme? *(à Joanne)* Parce fille, j'serais peut-être, peut-être ben pas icitte, oui chriss, y'a un bout'là, viarge de chriss... Pis c'est sa force. Hein, t'as été le charcher toé ton rêve, chriss. Fait que j'suis ben content pour lui, pis j'suis fier, fuck, ouain... *(à Albert)* Pis t'a mérites à part de ça. C'est ton rêve ça: Blazing Bee c't'un cheval A-one que t'as là.

ALBERT

Chut!

GERRY

Quoi?

JOANNE

Que c'est?

ALBERT

Gerry, tu veux pas aller y chercher un aut' rhum and coke?

GERRY

S'cuse... *(à Joanne)* J'parlais d'la gageure.

JOANNE

C'est quoi c't'histoire-là vous deux de Blazing Bee?

GERRY

T'aimerais-tu ça un aut' rhum and coke?

29

JOANNE
Pa?

ALBERT
Ouain, vas-y don' Gerry...

JOANNE
Que c'est t'essayes de/

ALBERT
J'suis sûr qu'elle/

JOANNE
Me cacher en/

ALBERT
Aimerait/

JOANNE
Dans l'cul le rhum and coke!

GERRY
S'cuse.

JOANNE
Que c'est qu'y'a lui?

> Pause. Elle vérifie quelque chose dans le programme.

Fuck! La maison? C'est ça que t'as fait... C'est ça...

GERRY
T'es certaine tu veux pas un rhum and coke?

JOANNE
C'était plus' à elle qu'à toé, c'te place-là pis «Ses maudits chevaux» qu'a' m'disait, «Ses maudits chevaux à marde», j'la revois quand a' m'le disait...

ALBERT
A' m'a toujours retenu de/

JOANNE

(*le frappant violemment avec le programme*) DIS PAS
ÇA, CHRISS! DIS PAS ÇA!

Pause.

GERRY

Explique-z-y. Comment tu m'as envoyé ça encore?
L'immobilier c'est ben bon mais l'équestre c'est ben mieux.

Courte pause.

Une part dans un cheval comme qu'y'a là c'est pas
comme un bon du Canada d'àvousse qu'y'est peut-être
mort avant que ça y serve, avant qu'y voit le bout' du
nez de son dix pour cent... Icitte y'a pas yenque le nez,
y'a tout' l'animal, t'a suis-tu ma logique? On parle
jouissance en plus' d'un investissement solide dans
l'avenir parc' t'as peut-être d'autres chevaux dans
l'avenir mais t'as aussi peut-être le condo de luxe quatre
étoiles en Floride avec la piscine d'eau douce à côté de
celle à l'eau salée, tu vois-tu l'portrait j'te dessine?

JOANNE

Câlice.

ALBERT

C'est solide fille. Elle l'a l'sang. Elle l'a la lignée. 'Est née
pour gagner...

GERRY

Son père, c'est Mean Machine Two! Sa mère: Satisfac-
tion! On parle chromosome and a half, ostie!

JOANNE

Pis toé?

GERRY

Quoi, moé?

JOANNE

T'en as-tu craché toé avec?

31

GERRY

    N'ai pas.

JOANNE

    T'a r'vends.

ALBERT

    Attends que t'a vois fille. Attends...

JOANNE

    T'a r'vends.

ALBERT

    'Est belle ça pas d'allure...

JOANNE

    T'a r'vends/

ALBERT

    Elle a des pattes/

JOANNE

    Pis j'veux pus/

ALBERT

    Qui finissent pus/

JOANNE

    En entendre parler!

ALBERT

    C't'une princesse! 'Est née pour gagner. Attends que t'a vois courir pis... chriss! sont pas fermés encore?

GERRY

    À veille.

        Albert sort une enveloppe de sa poche de veston.

    To place?

ALBERT

To win.

GERRY

A-one. Roger!

JOANNE

Combien t'as...?

ALBERT

Laisse-moé, laisse-moé faire fille. Blazing Bee to win.

GERRY

Fuckin' right ostie!

Joanne lui prend l'enveloppe, regarde à l'intérieur.

JOANNE

Taba... T'es-tu tombé... Revient su'a terre, Pa!

ALBERT

Remets-y ça fille.

JOANNE

Ça là, ça représente... Sais-tu combien ça représente? C'pas yenque de l'argent ça, icitte, ostie!

ALBERT

Chriss, fille, crie pas.

GERRY

On va l'manquer. Tu vas l'manquer. J'te l'dis moé, tu vas l'manquer.

ALBERT

C'est dans l'sac.

GERRY

Comme si c'était fait' déjà.

ALBERT

C't'une passe.

GERRY

Ouain, la passe. Explique-z-y la passe.

ALBERT

C'est Guénette.

GERRY

C't'une passe à Guénette.

ALBERT

Le jockey.

GERRY

D'la tête, Guénette.

ALBERT

C'est yenque sa troisième course...

GERRY

'Coute ça, 'coute ça.

ALBERT

Y l'a retenue les deux autres.

GERRY

Guénette c'est l'fils à un d'ses chums.

ALBERT

C'est la connection.

GERRY

Connaît plein d'monde, ton vieux.

ALBERT

C't'une faveur qu'y m'doit, tu vois, pour/

GERRY

Pas l'temps d'y conter tout ça, pas l'temps...

ALBERT

Entéka, y'a r'tient.

GERRY

Parce qu'y voit plus loin, t'sais.

ALBERT

Le monde l'oublie, y'ont pus confiance, les odds montent.

GERRY

Huit pour un, ostie!

ALBERT

Mais lui le sait c'qu'elle a dans l'ventre, y l'sait qu'elle a c'qu'y faut.

GERRY

Pis ça s'passe là là. Pas hier, pas demain, là là, ostie. Huit pour un!

ALBERT

Attends d'la voir...

GERRY

En plus' y'a plu.

ALBERT

Quand a' court c'est de toute beauté...

GERRY

Belle de Jour c'est fuck-all dans bouette ça...

ALBERT

C'est comme, c'est comme...

GERRY

Y'en a d'même, t'sais, à sec ça pète le feu/

ALBERT

C'est comme...

GERRY

Mais dans bouette c'est fuck-all. Belle de Jour/

35

ALBERT

C'est comme...

GERRY

Dans bouette/

ALBERT

Chriss, j'ai pas les mots!

GERRY

Fuck-all! Conclusion: c't'encore plus' dans l'sac. Mais là, y vont fermer pis t'auras rien. C't'un péché laisser ça passer, un péché mortel.

JOANNE

«Ses maudits chevaux», qu'a' m'disait...

ALBERT

Ah! viarge de chriss de viarge de chriss!

JOANNE

Pis si elle était icitte...

GERRY

Oui mais là là...! De toute façon c't'à qui l'argent?

JOANNE

De quoi tu t'mêles, toé?

GERRY

Non mais j'fais yenque souligner le fait que/

JOANNE

Que c'est t'as d'affaire là-d'dans? T'as pas d'affaire là-d'dans, toé! Y te r'vient-tu de quoi?

GERRY

Non, non.

ALBERT

C'est tout' à moé.

36

GERRY

Ouain, c'est tout' à lui.

JOANNE

Bullshit! c'est tout' à toé!

ALBERT

C't'assez! Donne-z-y.

JOANNE

T'as pas l'droit de faire ça avec sa maison!

GERRY

Joanne...

JOANNE

Joanne? Qui t'a dit tu pouvais m'appeler Joanne?
Quelqu'un t'a dit tu pouvais m'appeler Joanne?
Parsonne t'as dit tu pouvais m'appeler Joanne. *(à Albert)*
C't'un fucké! Que c'est ça te donne de te tenir avec
c't'agrès-là? *(à Gerry)* R'tourne dans ton trou avec ta
bouteille pis ta tv! Pa!

> *Pause.*

ALBERT

(lentement) C'est ma chance. C'est mon moment.
Gâche-moé lé pas. Toute ma vie, j'ai passé proche...
Passé à ça des fois, juste à ça...

JOANNE

Pa, non...

ALBERT

Un gars, y'a l'droit à sa chance.

JOANNE

Non... non...

ALBERT

Y'a l'droit.

37

JOANNE

Pa... Non.

Albert lui prend brusquement le bras.

ALBERT

Ma p'tite sacramente!

Il lui prend l'enveloppe et la donne à Gerry.

Vas-y toé, grouille!

GERRY

Tu y'as fait mal.

ALBERT

Grouille, j'te dis!

Gerry sort. Longue pause.

JOANNE

J'correck.

Pause.

ALBERT

Y va nous rejoindre en bas.

Pause.

On est mieux de se dépêcher.

Ils se rendent dans les estrades.

Dis queque chose.

Dis queque chose.

Parle-moé.

On entend la voix de l'annonceur en sourdine.

S'il vous plaît, parle-moé.

Ils s'arrêtent.

C'est pas fou, t'sais. Je l'sais c'que j'fais. Ça peut pas
manquer. C'est dans l'sac.

Pause.

Elle a l'sang aussi. Oublie pas. Faut pas que t'oublies ça.
Y'a pas yenque les courses, y'a son sang avec. Quand a'
va avoir un p'tit, combien tu penses ça va chercher un
poulain?... J'ai tout' pensé à ça, j'ai tout' pensé...

Pause.

'Garde! 'Garde! C'est elle, là. C'est elle la trois... T'a vois-
tu la trois, là?... Avec Guénette en rose... 'Garde chriss,
queque chose, hein? queque chose, chriss! Attends que
t'a vois quand a' s'met à courir! Attends toé, tu vas
oublier que... tu y penseras pus, tu vas voir...

Gerry les rejoint à bout de souffle.

GERRY

J'l'ai juste fait', juste... Y'en avait un autre en avant
d'moé, j'étais cuit. *(donnant le ticket à Albert)* Tiens toé!
T'aurais dû voir la face du gars quand j'y dis Blazing
Bee to win, ayoye! *(indiquant Joanne)* Pis?

ALBERT

C'correck, c'correck.

GERRY

Ben que c'est tu fais? *(indiquant les jumelles)* Sors-les!
Aujourd'hui t'es un vrai, un vrai d'la track!

Courte pause.

On voit ben pareil même avec la crack, hein? *(à
Joanne)* Ça va marcher, t'sais. Ça peut pas pas marcher.
Sont toutes dedans?

Il arrête de bouger, lève la tête au ciel.

Bonne sainte Anne...

VOIX

And they're off!

GERRY
Câlice, priez pour nous!

> *Pendant toute la course qui suit, nous entendons le bruit sourd des chevaux. La voix de l'annonceur apparaît, disparaît, revient. Quand elle n'est pas là, nous sommes «dans la tête» d'un des personnages.*

VOIX
Au départ c'est Misty Lady à l'intérieur. Rock'n'Roll, Blue Babe et Blazing Bee derrière. À l'extérieur: Belle de Jour, Sunset et au fond Sarah's Pearl...

GERRY
C'est celle-là, Albert, c'est celle-là!

ALBERT
Chriss que c'est j'ai fait'?

VOIX
Misty Lady toujours en tête suivi de Rock'n'Roll mais Blazing Bee prend troisième de Blue Babe et au tournant du Club House en 24 c'est Misty Lady, Rock'n'Roll, Blazing Bee, Blue non Belle de Jour, Blue Babe, Sunset et Sarah's Pearl...

> *Voix disparaît.*

ALBERT
C'est celle-là Lucky C'est celle-là That's the one Celle-là 'Garde-la aller Lucky la belle 'garde-la qui s'lance les dépasse Elle l'a l'affaire Lucky Depuis l'temps j'l'attends Elle l'a Elle l'a tout' Depuis l'temps C'est celle-là Lucky C'est celle-là...

> *Voix revient.*

Lâche pas, chriss! Lâche pas!

GERRY
Go Blazing Bee Go!

VOIX

... and comin' into the back stretch à l'intérieur
Rock'n'Roll, Misty Lady neck and neck with Blazing Bee
for second et Belle de Jour toujours à l'extérieur en
avance d'une longueur et demie sur Blue Babe et
Sunset...

> *Voix disparaît.*

JOANNE

Tu vas perdre tout perdre je l'sens perdre le sais Perdre
Tout perdre Sans penser Pa Sans penser aux autres en
faisant à ta tête avec tes maudits chevaux à marde pis
Pa ses larmes celles qu'a' t'cachait vieux fou vieil ours
vieux toqué Tu vas perdre Tout perdre Si a' savait Pa sa
maison Pa elle a sué sang et eau sang et eau sang et
eau et Ô M'man même malade vas-y PERDS PERDS
TOUT' JOUE TOUT'...

> *Voix revient.*

Chriss, c'était ma maison aussi!

GERRY

Non! Non! Non!

VOIX

...Pushin' hard Belle de Jour comin' in on Blazing Bee
for second Takes it still on the outside...

ALBERT

Pis le cheval aussi va être à toé!

VOIX

...Arrivent au grand tournant à une et dix Rock'n'Roll,
Belle de Jour, Blazing Bee avec deux longueurs sur
Misty Lady, Blue Babe et... Belle de Jour moves into the
inside Blazing Bee at her tail, lookin' for the lead,
pushin' hard midway into the turn it's... Belle de Jour en
tête...

41

Voix disparaît.

GERRY

Fuck you! Belle de Jour, fuck you! Viens pas m'faire ça toé J'y ai dit que t'étais fuck-all dans bouette ben sois fuck-all dans bouette J'veux pas qu'a' m'prenne pour un tro'd'cul Gerry Pharand c'est pas un tro'd'cul PIS C'EST PAS UN FUCKÉ pis c'est Gerry Pharand qu'y t'parle fait que fait que fait que écoute...

Voix revient.

VOIX

...et Rock'n'Roll tombe en troisième, Blue Babe une longueur derrière monte vite avec deux sur Misty Lady et outta the turn headin' home Belle de Jour, on her tail Blazing Bee goin' outside for the stretch cuttin' Rock'n'Roll with Blue Babe lookin' for third...

On entend l'horloge qui sonne.

Blazing Bee alongside the lead Belle de Jour, Blue Babe in the back takin' Rock'n'Roll for third now three lengths behind the leaders. We're comin' down to the wire et c'est Belle de Jour encore qui mène de peu...

Voix disparaît. On entend clairement l'horloge.

ALBERT

J'ai le droit.

J'ai le droit.

À mon moment.

VOIX

...et c'est... Blazing Bee par une tête!

Gerry lève les deux bras en signe de victoire.

Albert laisse tomber soudainement sa tête sur sa poitrine.

42

JOANNE
Pa!

ALBERT
Chriss!

Pause. Puis il relève sa tête.

'Est belle hein?

Courte pause.

JOANNE
Une princesse, Pa. Une vraie princesse.

NOIR.

Mercy

un conte urbain (Sudbury)

Mercy (35 ans) entre avec un porte-document et deux valises.

L'histoire commence avec un gars qui s'loue une place pour l'été.

Le gars c'pas un gars d'icitte. Ni d'icitte, ni du bout'.

Comment ça s'fait qu'y s'ramasse avec cette place-là, je l'sais pas. C't'à quelqu'un qu'y connaît ou ç'a été annoncé dans les journaux ou... Non, j'sais pas comment ça s'fait. C'que j'sais c'est qu'le gars s'cherchait une place tranquille.

La place j'vous parle, 'est sur la rivière Vermillon. Tu sors de Sudbury su'a 17 en allant vers l'Ouest, tu vas vingt, trente minutes, pis avant d'arriver à Nairn Centre tu tournes à gauche sur un petit chemin de terre, tu fais un autre huit, dix minutes là-dessus, pis le chemin finit à rivière. Ouain, y finit là. Là où la Vermillon se jette dans l'grand lac Wabagishik.

Juste là, au bout' du chemin, y'a quatre maisons. Mais lui, sa place, c'est pas une des quatre. Non, non, lui, sa place, 'est d'l'autre bord. Lui, faut qu'y prenne un canot pour se rendre à sa place.

45

Lui, sa place, c't'une p'tite maison d'ferme à deux étages qui avait été abandonnée pendant des années (vingt, trente ans, j'sais pas, peut-être plus'). C'tait des Finlandais qui avaient construit ça dains années vingt (dix ou vingt), qui avaient essayé d'partir une ferme... avaient rêvé de s'établir, de... Qu'est-ce qui leur est arrivé, on sait pas. Mais là, y restait pus rien. Pus d'grange, pus rien. À part la maison.

En tout cas, tout ça pour vous dire que sa place tranquille qu'y cherchait, y l'avait trouvée.

Tout c'qu'y'a de c'bord-là d'la Vermillon c'est l'bois, lui, pis les souris. Plus tranquille que ça...

Pourquoi le gars s'loue une place tranquille de même c't'été-là? Ben, j'pense que c'est pas très compliqué, hein? Le gars vient d'avoir quarante ans, son père est mort c't'hiver-là, pis bon...

En tout cas, l'affaire c'est que l'gars loue la place, pis y débarque là avec l'intention d'passer cinq, six semaines à pêcher l'doré, le brochet, à lire. À essayer de rien faire d'autre que ça, au fond. Pis c'est ça qu'y fait.

Sauf là...

Là, c'qu'y s'passe c'est qu'y rencontre une femme qui vit dans une des quatre maisons au bout' du chemin. La femme pis lui se rencontrent comme ça parce qu'y faut qu'y passe sur leur terrain pour s'rendre à son canot, ou pour revenir à son char quand y va faire ses courses. Ouain, y s'rencontrent comme ça un jour pis y s'mettent à jaser. Pis la prochaine fois qu'y fait ses courses, ben c'est la même affaire, y s'jasent pis... Elle, c't'une femme mariée avec deux kids (deux garçons de trois pis cinq ans), son mari y'est truckeux. C't'à eux-autres la maison, fait six ans qu'y vivent là. Ouain, fait qu'y s'jasent comme ça une ou deux fois par semaine. De tout, de rien. Pis bon, tranquillement au cours de l'été, y se rapprochent. Ouain, tranquillement, tranquillement y se rapprochent, et un jour (sans qu'ils s'en parlent) y s'aperçoivent tous les deux (chacun d'leur bord) qu'y sont en train de... En tout cas, qu'y'ont envie tous les deux de, de se toucher.

Mais y le font pas.

Le gars — qui normalement aurait été ben prêt à sauter sur l'occasion — se retient. La femme, elle... Ben, la femme, elle a trente queques années, deux kids, un mari qui l'aime, pis qu'elle aussi elle aime. C'est pas qu'elle l'aime pas, mais qu'est-ce tu veux? Ça fait huit ans qu'y sont ensemble. Un gars arrive qui l'écoute, qui (bon, c'est clair) qui la trouve belle, ou en tout cas qui est attiré, qui... Mais... c'est juste... ça serait trop compliqué pis elle a pas besoin de ça que sa vie soit compliquée. Pis bon, elle aussi, a' s'retient.

Pis là, y'a un après-midi... A' vient d'coucher les deux garçons pour leur dodo pis a' l'a invité le gars à prendre un café, là, su'l'deck qui donne su'a Vermillon. Le gars la r'garde en s'disant, Ouain j'dois vieillir ou m'assagir parce que même si a' m'invitait à baiser, j'pense que j'le ferais pas. Pis c'est pas parce qu'y la trouve pas belle ou pas de son goût ou... Non, c'est pas ça, au contraire même. Non, c'est juste qu'y veut pas être responsable des conséquences pour elle. Faut dire que penser ça c'tait pas mal nouveau pour lui, jusque là y'avait toujours pris pour acquis que si l'autre disait oui, l'autre était prête à assumer sa décision — sa décision, les conséquences possibles, les prix à payer si l'autre se

47

retrouvait dans marde ensuite — en tout cas d'habitude
y s'posait pas plus' de questions qu'y fallait dans ces
situations-là, pis en tout cas sûrement pas les questions
qui pouvaient l'empêcher d'avoir ce qu'y'avait envie
d'avoir sur le moment. La quéquette régnait, quoi!

Pis là, juste comme y s'dit ça (ou peut-être parce
qu'y'est en train de se l'dire), y'a un silence. A' du sentir
son regard, lire son regard, pis comme c'est pas une
naïve, que c't'une fille qui en a vu d'autres, a' sait ben
autant que lui, sinon même peut-être encore plus' que
lui c'qui s'passe dans sa tête pis dans son corps... A' dit
— pis c'est peut-être plus' à elle-même qu'à lui au fond,
a' dit (ouain sûrement plus' à elle-même qu'à lui) — a'
dit:

— J'ai pas l'temps pour ça.

Pis là y'a un autre silence.

Là, l'gars, y'a veut.

Y'a veut tellement qu'y'a la bouche toute sèche, le cœur
s'met à y pomper à cent milles à l'heure, j'veux dire
c'est tout juste si y tombe pas dains pommes drette là.
J'veux dire, y'a pas ressenti ça, ça, c't'affaire-là, c't'affaire
fou-là, c'te, c'te... L'affaire pas disable qu'on peut ben
nommer désir, ou ou ou j'sais pas n'importe quoi, mais
qu'on sait peut pas s'dire, pas pour vrai, pas pour vrai
quand on est en train de le ressentir...

de le ressentir comme lui là... à cause d'elle, pour elle,
avec elle...

Ouain y l'avait pas ressenti depuis, depuis... quoi? à 16,
17 ans peut-être... En tout cas sans doute une éternité,

48

plus d'vingt ans, ou même plus', y savait pus, s'en rappelait pus, veut pas s'en rappeler de toute façon, c'qu'y veut c'est la toucher.

Pis y'est sur le point d'avancer sa main quand elle a' l'ajoute,

— C'est pas l'moment. C'est juste pas l'moment,

et sans qu'y bouge d'un poil, par en-dedans comme, sa main se retire, l'émotion se retire, sa respiration se calme.

C'était pas l'moment.

Trois jours plus tard, le gars plie bagage, pis y disparaît.

Là, y'a dix ans qui passent.

Ouain, dix ans.

Dix ans sans se revoir, sans se reparler. Dix ans chacun son bord, chacun sa vie.

Au bout de dix ans, le gars revient en ville (un contrat, queque chose) pis par hasard, juste de même, par hasard, y'a rencontre devant le City Center. Pis en tout cas, y finit par l'inviter à aller prendre un café, pis les deux s'ramassent au Sweet and Savory.

Au Sweet and Savory, a' y raconte que son mari a eu un accident v'là trois ans su'a onze. Dans l'coin de Cochrane. Un gros accident. Une histoire... Bon, le vrai 'hard luck story', t'sais. Y'ont dû vendre leur maison sur la

Vermillon, s'installer dans un p'tit appartement dans l'Moulin à Fleur. Son mari, y'est, bon y'est pas fini, y'est pas paraplégique mais y'est en chaise roulante pis ça va être ça pour le reste de ses jours. Ouain, le vrai hard luck story...

Le gars la r'garde, l'écoute, pis au bout' d'une heure, les deux, les deux se r'trouvent à même place que v'là dix ans passé. Les deux se r'trouvent avec c't'envie-là de, de se toucher.

Pis c'fois-citte, y l'font.

Y'a un silence. Le gars prend la main de la femme. La femme prend la main du gars pis, pis le gars y dit J'ai envie de toi, pis la femme y dit J'ai envie de toi aussi. Pis les deux s'en vont à sa chambre d'hôtel au gars pis, pis c'qu'y s'passe dans cette chambre-là, ben, c'est beau.

Quand l'gars se réveille, la femme est partie. Mais a' y'a laissé une note. Une note qui disait que pour les raisons qu'y devait pouvoir comprendre, a' voulait pas le r'voir. Une note qui disait qu'elle était très heureuse d'avoir fait ce qu'elle avait fait, qu'a' r'grettait rien, rien de rien, mais... qu'elle pouvait pas recommencer. Qu'elle pouvait pas faire ça à son mari. Qu'elle pouvait pas s'imaginer ni faire ça à son mari, ni commencer à expliquer ça à ses gars... que... que c'tait juste trop.

La seule p'tite porte qu'a' laisse entrouverte, c'est qu'a' y dit qu'y peut toujours y donner de ses nouvelles en y envoyant des lettres 'poste restante', qu'a' va régulière-ment au bureau de poste, fait que, si y veut, si y'a envie, y pourra toujours y écrire.

Pis c'est c'que le gars fait. Une fois, qu'y'est retourné à Toronto — le gars vit là, à Toronto — y s'met à y écrire.

50

Des p'tites notes. C'pas un gars qui est habitué à écrire des lettres personnelles, fait qu'y y'écrit pas des pages pis des pages mais, ça devient une affaire comme régulier comme, comme un rituel comme... Tous les samedis matins y s'assoit avec un café pis y'écrit. Y lui raconte sa semaine, y... Au début, y'a ben gros envie d'y parler de sa peine, de ses envies d'elle, du vide dans sa vie, mais y se r'tient parce qu'y veut pas la... quoi? la brusquer? lui tourner le couteau dans plaie? Mais après queque temps, c'est plus fort que lui, pis y'a un samedi... Bon, au lieu du café, y sort une bouteille de brandy, pis ça sort. Tout croche, tout fou, pis y se relit même pas, y l'envoie pis c'est tout'. Le lendemain quand y s'réveille, y'a les shakes à cause du brandy mais c'est pas juste à cause du brandy. Non, c'est... Pis là, même si c'est dimanche, pas samedi, y se r'met à y écrire. Pis le lundi au lieu d'aller travailler, y'en écrit une autre, pis le mardi aussi, pis le mercredi aussi, pis...

Pis là bon, dans l'histoire, là, on est rendu à sa dernière lettre.

Parce que dans celle-là, sa dernière, y dit qu'y va être au Sweet and Savory à midi demain.

Ouain, demain.

Le gars doit être en ville comme c'est là.

Dans lettre, y dit que si a' vient pas, y va la r'trouver. Y va la r'trouver où qu'a' soit parce que, parce qu'y faut qu'y'a' voit pis...

Pis comment c'que j'sais ça? Comment c'que j'sais tout ça?

Pause.

J'suis sa sœur. La p'tite sœur d'la femme.

> *Elle sort une liasse de lettres de son porte-document.*

J'travaille au bureau de poste.

Les deux premières, j'y ai pas données parce que j'voulais la protéger. Les autres, ben, comme le gars y d'mandait pourquoi a' y répondait pas, j'savais pas comment y donner à ma sœur sans avoir à expliquer pourquoi j'y avais pas donné les premières, pis ça m'semblait trop compliqué, pis... J'aurais dû, c'est sûr que j'aurais dû. Si j'l'avais fait à ce moment-là... Mais... Pis ensuite, ben, comme j'avais commencé à les ouvrir, je...

> *Elle sort une autre liasse de lettres.*

...j'ai juste continué, t'sais...

> *Et une autre.*

...j'tais comme prise...

> *Et une autre.*

...pis quand, dans une de ses lettres, le gars a demandé pour un signe, juste un signe d'elle pour savoir si elle les recevait, les lisait, j'y ai envoyé une carte postale avec le gros cinq cennes dessus. Parce que c'que j'vous ai pas dit là, c'est qu'y'avait commencé à y envoyer des paquets aussi.

> *Elle ouvre une des valises, et en sort toutes sortes d'objets, de cadeaux.*

Toutes sortes d'affaires, des boucles d'oreilles, des broches, des foulards... Toutes sortes de... des belles affaires... Des affaires comme on en voit pas souvent icitte, comme j'en ai jamais eu, jamais reçu, jamais...

> *Elle se cache le visage avec ses mains. Pause. Puis s'adresse de nouveau au public.*

J'en ai volé.

Montrant la broche qu'elle porte.

Comme la broche icitte.

Montrant le collier qu'elle porte.

Comme le collier d'perles.

Pause.

J'veux dire, j'tais sûre que l'gars allait s'tanner, allait arrêter, allait comme décrocher à un moment donné si personne y répondait, si personne y donnait signe de vie. J'veux dire, ça s'peut pas que/ j'veux dire le gars a cinquante ans, y'a une vie, des amis, une jobbe, une/ j'me disais que, t'sais, l'amour, l'amour, l'amour, ça s'peut pas que... Pis j'me disais, j'la protège aussi. J'la protège, ma sœur. A' pas besoin de ça, ma sœur. Avec son mari, ses gars, sa...

Mais là, demain y va être au Sweet and Savory, pis comme a' viendra pas, y va aller la r'trouver. Pis c'est sûr qui va la r'trouver. C'est pas New York, c'est Sudbury icitte. C'pas très compliqué trouver quelqu'un que tu veux retrouver. Pis j'sais que y'a rien qui pourrait l'arrêter, le gars. Je l'sais ça astheure. Y'est, le gars, y'est fou. En tout cas, comme fou. C'pas un vrai fou, pas un fou dangereux, non, c'est pas ça, en tout cas j'pense pas, non, c'pas un vrai fou fucké, mais y'est fou pareil.

Elle ouvre la deuxième valise et en sort une boîte.

Ça, c'est l'paquet qu'y'est venu avec la lettre. La dernière.

Dans lettre, y dit qu'y lui envoie son cœur. Son vrai cœur.

Y dit qu'y l'a découpé avec un couteau d'cuisine pis que faut qu'a' y r'mette au Sweet and Savory demain, sans ça y va crever.

53

J'veux dire, ça s'peut pas. J'sais que ça s'peut pas. Que ça doit être autre chose, que...

En remettant rapidement tout en place, les lettres dans le porte-document, les paquets, la broche et le collier de perles dans la première valise.

J'sais pas c'que j'vas faire.

Je sais c'que j'devrais faire. Je l'sais que j'devrais tout avouer, tout amener tout ça chez ma sœur, pis avouer, pis y d'mander pardon, pis essayer de m'expliquer, pis...

Prenant la boîte.

J'sais que ça s'peut pas.

Reniflant la boîte.

J'sais.

Elle pose une oreille contre la boîte. Pause. Puis en remettant la boîte dans la deuxième valise.

J'sais.

Elle referme la valise.

C'que j'ai vraiment envie de faire c'est d'aller au restaurant à sa place, ça paraît-tu?

Elle se cache le visage avec ses mains.

J'ai honte. J'ai tellement honte.

L'éclairage baisse lentement. On entend un battement de cœur.

NOIR.

La cinq :
Un épisode de télé

une courte pièce en huit scènes

PERSONNAGE
Le producteur, 48 ans. Vite.
Vêtements sports... mais mucho $$$

LIEU
Le bureau d'un producteur. Ordinateur. Téléphone à clavier. Téléphone cellulaire.

TEMPS
La deuxième semaine de décembre.

N.B. On ne voit jamais les autres personnages.

Scène 1

Le producteur est au téléphone (son cellulaire).

PRODUCTEUR

Micheline...

T'es dans l'salon?

(lentement) Tourne ta tête vers la fenêtre... Tu vois quoi?

Non, non, c'est pas ça que tu vois. Ce que tu vois c'est la pluie.

Oui, la pluie, tu vois la pluie. Tu vois la pluie... le gris, la pluie...

Le producteur lève la tête. Le script-éditeur est à la porte. Il lui fait signe d'entrer.

Ok. Ferme les yeux. Fais c'que j'te dis Micheline, ok...

Le producteur fait signe à l'autre de s'asseoir, de l'attendre.

Là, c'que tu vois c'est du vert. Tout est vert, tout est flou. *(il claque des doigts)* Dolly back. L'image se précise. Focus. Là, tu vois un cadre de portes, des portes persiennes, blanches, grandes ouvertes. Le vert c'était une feuille, une feuille de... bananier! Musique up. Mariachi! On coupe. On coupe au ciel bleu... magnifique, pur, vierge. Pan down. De l'eau. La mer. Turquoise. À droite, au fond, un voilier blanc. *(claquement de doigts)* En avant-plan, une tête de jeune femme sort de l'eau, sourit... C'est toi! C'est toi qui dit: «Joyeux Noël!»

Le producteur fait un clin d'œil vers l'autre dans son bureau.

Cancun. Dix jours. On part le 24 au matin.

Comment ça «Encore, Cancun»? C'est quoi ça, «Encore, Cancun»?

Écoute, j'ai une réunion. J'te rappelle.

Il raccroche.

«Encore, Cancun»... Chriss! Cancun c'est parfait. Cancun, c'est en plein ce qui va m'falloir le 24. Dix jours de soleil, de plage, de farniente, avant les trois mois de fou en production qui vont commencer aussitôt! aussitôt que tu me déposes ta version script-éditée de la cinq!

(accent mexicain) Pedro! Relaxe! Pedro!

Je l'sais qu'Arthur t'a chié dains mains. Je r'viens pas là-dessus.

T'avais un contrat mais t'as pas voulu lui tordre un bras parce que c't'un chum. Ça été ça ta décision, Pierre, pis j't'ai donné ma bénédiction.

Est-ce que j't'ai donné ma bénédiction? Je t'ai donné ma bénédiction. On r'vient pas là-dessus. Qui c'est que t'as?

J'connais pas. Jamais entendu parler.

(en grimaçant) Un auteur de théâtre?

(en grimaçant) Sa première fois?! Pierre!

C'est pas une école icitte. Ça-tu l'air d'une école? Qui d'autre?

Trop vieux. Trop cher. Qui d'autre?

Alcohol. Qui d'autre?

Coke. Qui d'autre?

Coke ET alcohol. Qui d'autre?

Dieu.

Dieu... Ça commencé avec l'homéopathie.

Ouain, t'en rappelles? Son sac plein de p'tites bouteilles de granules. Ok... V'là six mois, un jour, y rentre au Cherrier avec un crucifix autour du cou pis y m'garde là pendant une heure, une heure! à m'parler d'homéo-pathie, et de la tentation de saint Antoine.

Demande-moi pas c'était quoi le rapport, m'en rappelle pas. Moi, j'me suis dit... eh, j'sais pas, peut-être qu'y'est en train d'travailler sur un documentaire pour Radio-Québec, qui sait? Trois semaines plus tard, j'le rencontre sur Saint-Denis, y'a l'crâne tout rasé pis un billet d'avion pour la Grèce. Y s'en va vivre dans un monastère en haut d'une montagne, sacrament!

Bizarre? Bizarre c'est pas l'bon mot! Épeurant! É... peu... rant! Qui d'autre?

Ouain ben là, là... Attends, 'tends, 'tends, 'tends... Celle avec qui t'as fait' la série pour...

Ouain, elle. Beaucoup d'talent! Beaucoup, beaucoup d'talent!

Bébé? Chriss! A' l'accouche quand?

C'est fait'?! Appelle-la!

Pourquoi?

Pierre, écoute-moi. M'a t'dire queque chose... Son trip maternel, allaitement-môman-attachement, ouain, ben tu vas voir. Après deux mois de «contact avec sa nature essentielle», deux mois de nuits blanches, de couches sales, pis d'coliques, tu vas voir qu'a' va l'parker l'p'tit dans une garderie, ça prendra pas longtemps.

Ok. Ta décision, Pierre. Ta décision.

Fait que...

(en grimaçant) Oui, mais Pierre... un auteur de théâtre, chriss!

Scène 2

Le producteur est au téléphone (celui du bureau).

PRODUCTEUR

Pascal, sont ici avec les trois idées pour la cinq.

Tu peux pas?

(regardant une feuille) L'avez-vous déplacée, celle-là?

Y m'semble que ce serait bon que j'sois là. Avec les coupures à Radio-Canada, y sont sûrement tentés de chopper dans le budget de promotion.

D'après moi, oui boss.

Chez l'Italien, dans une demi-heure.

(en raccrochant) On a vingt minutes. Idée numéro un, go!

Il ferme les yeux, recule dans sa chaise, pose deux doigts sur chaque tempe, et écoute les idées du script-éditeur et de son auteur.

Hun, hun...

Hun, hun...

58

Hun... Attends, 'tends, 'tends, 'tends. Dans l'Nord? Un lac? Un avion qui s'écrase? *(cognant sur son bureau comme on cognerait à une porte)* Allô! Tu veux blower le budget de la série sur un seul épisode? *(même jeu)* Allô!

Trop cher? Je pense que oui! Idée numéro deux, go!

> *Même pose.*

Hun, hun...

Hun, hun...

C'est bon...

L'enfant, c'est bon. Très bon. L'enfant victime, le p'tit blond aux yeux bleus, l'innocent sur la table d'opération... Déchirant!

Beaucoup de potentiel. Fuck le lac. Fuck l'avion. Idée numéro trois, go!

> *Même pose.*

(grimaçant) Comique? La version comique? *(même jeu)* Allô! Le thème, c'est l'euthanasie, les gars...

Ok... Je suis ici pour ça. Idée numéro trois, go!

> *Même pose.*

Hun, hun...

Hun, hun...

Ah! oui...

oui, oui...

(allumant) Ouiiii! Le hook?

> *Il rit.*

Surprenant. Différent. Le p'tit côté politique là, là, je ne déteste pas.

J'mords. Après?

> *Il rit.*

J'aime ça! *(regardant sur une feuille)* Le synopsis, c'est pour après-demain matin?

Ok. On clenche sur la version comique. Ça lève pas, on r'vient avec l'enfant pis on fait brailler les mômans.

Il décroche le téléphone sur son bureau.

Pierre, cet après-midi, j'veux te parler de la trois, t'sais la/ *(au téléphone)* Ouain, l'agence de voyage, ok. *(il raccroche, continue)* T'sais la scène chez la coiffeuse...

Scène 3

PRODUCTEUR

C'est une série haut de gamme. C'est une série avec de la classe. C'est une série qui veut susciter des débats, qui veut faire réfléchir, qui n'aura pas peur des contro-verses. Mais faut qu'on tape dains cinq cent, huit cent mille de cote d'écoute avec nos cinq émissions pilotes sans ça on s'fait flusher. Faut qu'on soit punché, divertissant, populaire. *(levant synopsis)* C'est une bonne base. *(laissant tomber synopsis)* Ça l'a un p'tit côté comédie italienne néo-réaliste Scola genre... Je ne déteste pas.

> *Pause.*

Là, j'vas t'faire mon speech hot dog. Pierre le connaît.

Ris pas.

Du hot dog... La télé, c'est du hot dog. Des fois grillé, des fois steamé. Des fois all-dressed, des fois plain, des fois pfouit! avec juste un peu d'moutarde. Pourquoi du hot dog? Parce que tout l'monde mange des hot dogs même ceux qui disent qu'y'en mangent pas.

> *Courte pause.*

La télé n'est pas du calmar mariné. La télé n'a jamais été du calmar mariné. La télé ne sera jamais du calmar mariné. Pierre adore le calmar mariné. Moi, j'adore le calmar mariné. Mais! Mais sommes-nous deux millions au Québec à vouloir en manger le mercredi soir à huit heures? Voilà la question.

Scène 4

Le producteur lit, il rit, il lit, il rit. Il décroche le téléphone du bureau, compose un numéro. Tout en continuant à lire...

PRODUCTEUR

(au téléphone) Pascal, y'est dix heures, hier soir, j'te laisse une copie d'la cinq à la réception. *(en prenant son cellulaire avec son autre main, en composant)* J'rencontre Pierre à midi, l'auteur à et d'mi, si tu pouvais venir nous rejoindre, j'apprécierais. J'pense...

(au cellulaire) Micheline, c'est moi.

(au téléphone) ...j'pense... Non, j'te dis pas c'que j'pense, j'veux pas t'influencer. On s'parle demain.

Il raccroche.

(au cellulaire) Micheline, éteins le répondeur, c'est moi.

Il compose un autre numéro au téléphone sur le bureau.

(au cellulaire) Micheline...

Pause.

Micheline...

(au téléphone) Pierre, c'est moi. La cinq, audacieux. C'est ça que tu m'avais dit pis t'avais raison. C'est l'bon mot, audacieux. Je ne déteste pas: audacieux. J'veux qu'on parle casting à midi, arrive avec tes idées.

Il raccroche.

(au cellulaire) Micheline...!

Pause.

(en soupirant) Ok, ok, écoute... *(sincère)* Je voulais m'excuser pour hier. Je voulais m'excuser pour ce soir.

Courte pause. Son regard s'allume. Il compose un numéro au téléphone sur le bureau.

(reprenant un ton sincère, au cellulaire) Je voulais m'excuser.

(au téléphone, vite) Pierre, c't'encore moi...

(au cellulaire, même jeu) Je suis vraiment désolé, pis j't'aime.

Il raccroche.

(tout de suite au téléphone, voix enthousiaste) Pierre!... Rémi Girard! Hein!? Hein!? Y serait écœurant dans c'rôle-là!

Scène 5

Avec le script-éditeur.

PRODUCTEUR

Écœurant! Drôle, touchant...

L'âge? Fuck l'âge! Qu'y change l'âge. Dis-y d'changer l'âge! Y change l'âge, on va chercher Rémi, on a un sacrament de bon scénario. Ok, y'a des problèmes. Des problèmes au milieu, mais rien d'grave, ça s'arrange...

Pis y'a des affaires qui coûtent trop cher mais ça...

Comme le lac. Y'a remis un ostie d'lac là-d'dans. Dis-y d'changer le lac. Fuck le lac. Trouve une place qui s'tourne en studio. Mais autrement... c'est vite, c'est punché, c'est américain...

Américain mais avec un p'tit côté comique British BBC pis un p'tit côté italien Scola poético-romantico-queque chose...

C'est ça. C'est pas le... t'sais... placote-placote dans l'salon avec le verre de scotch ou la tasse de café dains mains qu'on fait d'habitude. Je suis très excité.

Vraiment. Surtout si on a Rémi. *(sonneries de téléphone)* T'sais comme dans la scène quand ça vire pis que l'autre le menace... *(sonneries de téléphone)* C't'un p'tit bijou ça. On a ri jusque là, bang! on s'aperçoit que l'autre c'est un crosseur. *(sonneries de téléphone)* J'le vois Rémi. J'le vois. Sa face qui tombe... *(en répondant)* Déchirant!

(au téléphone) Oui?... Ok, passe-moi-le.

(au script-éditeur) C'est Pascal. Je suis très excité.

(au téléphone) Oui, monsieur... C'est ça qu'on est en train de faire...

Scène 6

Le producteur raccroche le téléphone.

PRODUCTEUR

Comment tu veux qu'on l'fasse?

Toi? Moi? Les deux?

Il lève la tête, voit l'auteur qui arrive.

Ah salut! *(en faisant signe d'entrer)* Non, non, rentre. Rentre.

(regardant sa montre) Su'l'piton. Assis-toi.

Bon... *(en souriant)* Eh bien, voilà... t'es clairé.

Scène 7

7 A

PRODUCTEUR

C'est trop américain. C'est trop vite, y'a trop d'gags, trop d'punchs. Ça fait un peu BBC aussi, y'a comme un humour British/ on reste détaché/ t'sais les Anglais pis les émotions/ quand eux-autres y l'font c'est drôle. Que c'est tu veux que j'te dise? C'est l'Québec icitte. De l'émotion! Le Québec veut de l'émotion. *(levant le texte)* Là-dedans... J'te dis pas qu'y'en a pas, mais que c'est tu veux que j'te dise. C'est pas ça. Du cœur! Le Québec a un cœur gros d'même! Fais-lé brailler, sacrament, les rues se vident tous les mercredis soir à huit heures!

7 B

PRODUCTEUR

Non, non, j'ai pas besoin d'entendre ça. *(au script-éditeur)* Veux-tu lui expliquer que j'ai pas besoin d'entendre ça? *(à l'auteur)* Quand j'veux me faire dire ce que je devrais être en train de faire au lieu de ce que je suis en train de faire, je fais comme tout l'monde... j'm'achète *Le Devoir*.

7 C

PRODUCTEUR

Eh! Pousse pas trop. Montréal, c'est petit.

7 D

PRODUCTEUR

Minable? T'as-tu dit mi/ J'pense qu'on devrait terminer ça ici, merci.

7 E

PRODUCTEUR

Excuse-toi pas, Pierre. T'as pas à t'excuser. Pourquoi tu t'excuserais? Ça arrive.

Tu partais-tu pour le Sud à Noël?

Le téléphone du bureau sonne.

Ah oui? Toute la famille, hein?

(en répondant) Oui?

(au script-éditeur) Annule.

(au téléphone) Oui Pascal, c'est fait.

(au script-éditeur) Demain, dix heures, le synopsis?

(au téléphone) Difficile? Eh!... *(en faisant bye-bye au script-éditeur qui sort)* Est-ce que je peux passer à ton bureau dans dix minutes?

J'veux t'parler de Pierre...

Scène 8

> *Le producteur est au téléphone (son cellulaire).*

PRODUCTEUR

Rose... tout c'que tu vois c'est du rose.

> *Le producteur lève la tête. Fait signe d'entrer.*

Tout est rose. Tout est flou. *(claquement de doigts)* Dolly back. L'image se précise. Focus.

> *Fait signe de s'asseoir, de patienter.*

C'est des lumières, des lumières qui clignotent au-dessus d'un théâtre sur... Broadway! Musique up! Ethel Merman «There's no business, like show business...» On coupe! *(claquement de doigts)* On coupe à l'arbre de Noël illuminé du Rockefeller Centre, *(même jeu)* aux vitrines décorées de chez Macy's, *(même jeu)* à une foule qui entre au Met, *(même jeu)* à des feux d'artifice au-dessus de Times Square, *(même jeu)* à une limousine noire qui s'arrête devant le théâtre du début. *(même jeu)* Zoom in sur la porte de la limousine. *(même jeu)* Gros plan sur la vitre qui descend. Une tête de jeune femme apparaît, sourit. C'est toi! C'est toi qui dit «Bonne année!»

> *Clin d'œil vers la personne dans son bureau.*

New York. Dix jours. On part à cinq heures. J'nous ai réservé une table Chez Guido pour minuit. Tu m'aimes-tu? Ok. Bye!

Il raccroche. Il prend un scénario, le lève.
Courte pause.

Déchirant! L'enfant victime, le p'tit Africain, yeux bruns, cheveux bouclés... sur la table d'opération... Ayoye!

De l'émotion! T'as pas peur de l'émotion. Faut pas avoir peur de l'émotion. Le Québec a un cœur gros d'même. Envoye, fesse dedans. C'est ça que j'essayais d'y expliquer à Pierre.

Beaucoup d'talent! Beaucoup, beaucoup d'talent! Mais...

Pis, as-tu finalement trouvé une bonne garderie pour ton p'tit?

NOIR.

Je lui dis

une courte pièce pour un acteur

PERSONNAGE
Un homme d'une cinquantaine d'années.
Habit et loden vert.
Élégant.

N.B. Il s'adresse directement au public.

HOMME
Je lui dis
Allô... Allô toi... Bienvenue au monde.

Je lui chante
Do do l'enfant do L'enfant dormira bien vite Do do

Je lui dis
Marc. Ton nom c'est Marc.

Je lui dis
Marc... Marc, c'est la troisième fois que je viens te
chercher à l'urgence. Je pense... je pense qu'on devrait
se parler dans le blanc des yeux, qu'on devrait... Je
pense qu'il est temps de regarder les choses en face, de
ne plus se conter d'histoires...

Je lui réponds
Je ne dis pas le contraire. T'as peut-être/ non, t'as sans
doute raison. Pas peut-être, sans doute. Sans doute, oui.
Je ne dis pas le contraire.

Je lui dis
T'as raison. C'est pas juste toi qui se conte des histoires.

❖

Je lui dis
Oui! C'est ça! T... oui encore un T... I... n'oublie pas le
petit point en haut... N... oblique... o - bli - que... quand
ça va de côté comme ça. Là. Oui. C'est ça, tu l'as. Tu
l'as écrit. Tintin!... Oui! Tintin, c'est ça. Bravo!

Je lui dis
Bravo! Bravo Marc! Bravo mon p'tit Marc! Bravo mon
p'tit bonhomme! Bravo!

❖

Je lui dis
On a le droit d'avoir peur. On a le droit. C'est... ça
arrive.

Je lui dis
Moi aussi. Quand j'avais ton âge. Moi aussi. Souvent.

Je lui dis
Comment j'te dirais ça? En vieillissant, on... Comment
j'te dirais ça? On le cache.

Je lui réponds
Oui. Comme pour l'histoire des chiens. C'est ça. Comme
je t'ai raconté... oui, pour les chiens justement. Si le

chien sent que t'as peur de lui, le chien va japper, va continuer à japper de plus en plus... Oui, de plus en plus. Il va vouloir te faire peur, et... et puis, si tu cours, qu'est-ce qu'il va faire le chien?

⁘

Je lui dis
J'ai enquêté. J'ai demandé des avis. J'ai parlé à plusieurs personnes, des spécialistes, des gens compétents qui... Enfin, il paraît que c'est le meilleur endroit au Québec. C'est joli aussi. C'est pas très loin de Saint-Jovite. Ils ont une très bonne réputation. Un taux de succès impressionnant.

Je lui dis
J'ai enquêté. J'ai comparé. J'ai fait venir de la documentation. Un tas de documentation. J'ai un dossier ça d'épais, je...

Je lui dis
Excuse-moi, mais... Qu'est-ce que j'ai dit pour que... Enfin, pourquoi t'as crié, là?

⁘

Je lui dis
Tu sais pas c'est qui les Beatles???

Je lui chante
I want to hold your hand. I want to
Help. I need somebody. Help
The long and winding road
Money can buy you diamond rings but money can't buy you love. Money can buy you lots of things but money can't

❖

Je lui dis
Paris prend un S... Pourquoi? parce que ça s'écrit
comme ça. On dit parisien, parisienne... pas parien,
parienne. Paris prend un S. Un S muet.

Je lui dis
Il est là sans qu'on le prononce... Oui, même si on ne
l'entend pas, il est là, pareil.

Je lui dis
Dans la langue, il y a souvent des muettes. On
rencontre souvent des muettes.

Non, pas juste dans Paris.

Ailleurs prend un S aussi.

Ajoute ton S.

Ajoute ton S.

Comment ça, «non»?

Je lui dis
«Non», c'est un peu court comme réponse, tu trouves
pas?

❖

Je lui dis
Marc...?

Je lui dis
Marc, pourquoi t'as crié, là?

70

Je lui crie
(retenu, presque chuchoté, presque monocorde) Ok,
c'est assez. C'est assez. C'est plus' qu'assez. C'est fini les
folies. C'est fini tes folleries. Je ne permets à personne
de me parler sur ce ton-là.

(fort) C'est compris! Personne!

(retenu) C'est pas moi qui te fais mal. C'est toi. Je ne
suis pas en train de te tordre le bras, je te retiens, c'est
tout. Si je voulais te faire mal mon p'tit gars...

(fort) Tais-toi! Tais-toi tout d'suite! Tout d'suite, tout
d'suite, tout d'suite! Tais-toi! TAIS-TOI!

(retenu) Tu peux pleurer tant que tu veux mais tu vas
te taire et m'écouter.

(retenu) Personne me parle sur ce ton-là. Personne.
Jamais. Nulle part. Jamais. Rentre-toi ça dans tête mon
p'tit gars pis tout d'suite.

(retenu) Personne. Jamais. Nulle part.

(fort) Personne! Même pas/ Surtout pas mon fils! C'est
clair!? Je suis en train de te parler d'homme à/ Regarde-
moi dans les yeux quand j'te parle! D'homme à homme!
Ne me parle plus jamais sur ce ton-là parce que tu vas
frapper un mur! Un mur de béton! C'est clair!? Parce
que c'est ça qui arrive aux gens qui osent... Qui osent!
me parler sur ce ton-là. Y frappent un mur! Pis là, j'les
casse sur le coup tout de suite, ou t'à l'heure plus tard...
mais je les casse. À un moment donné, j'les casse! C'est
clair!? Et puis c'est pas toi qui va être l'exception. C'est

clair!? J'en fais pas d'exception. C'est clair!? J'te parle
d'homme à homme!

(retenu) Regarde-moi dans les yeux quand j'te parle.

Je lui dis
Marc...

Je lui dis
Marc... Regarde-moi.

S'il te plaît.

Je lui explique
Ton père est un homme avec beaucoup de responsabilités.

Je lui explique
Des obligations. Des devoirs.

Je lui explique
Si je ne suis pas à la maison, c'est parce que je travaille.

Je lui explique
Pour gagner l'argent qu'il nous faut. Nous. La famille.
Pour avoir ce qu'on veut, pour pouvoir aller en
vacances, en ski à Saint-Jovite/ pour pouvoir manger et/
pour gagner l'argent qui nous permet de/ pour gagner
ce qui est nécessaire/ pour que tu puisses avoir toujours
le meilleur/ pour que nous/ nous/ nous, la famille.

Je lui explique
C'est pour nous. C'est pour toi.

Je lui explique
Je comprends que ça te fasse de la peine que je ne sois pas à ton concert demain. Et je veux que tu saches que je sais que ça te fait de la peine. Et je veux que tu saches... que moi... oui, que moi... que moi ça me fait de la peine de te faire de la peine... Et je veux... oui, je veux...

Je lui explique
Ton père est un homme avec beaucoup de responsabilités.

Marc...?

Marc...?

Est-ce que je peux te demander pourquoi?

Je te promets de ne pas t'interrompre.

Pourquoi quoi?... mais... pourquoi tu te... pourquoi t'es en train de te... de te mutiler... pourquoi tu fais ce que tu fais?

Pourquoi t'as fait ce que t'as fait?

On me demande
Pouvez-vous l'identifier?

On me demande
Est-ce que c'est bien votre fils?

On me demande
Pouvez-vous signer ici, monsieur?

✣

Je lui dis
Allô... Allô toi... Bienvenue au monde.

Je lui chante
Do do l'enfant do...

Je lui dis
Marc. Ton nom c'est...
            (L'homme tombe à genoux.)
Est-ce que...

Est-ce que quelqu'un... peut... m'aider?

Est-ce qu'il y a quelqu'un?

        NOIR.

Red voit rouge

un conte urbain (Ottawa)

On entend quelqu'un cogner sur des objets en coulisse en marmonnant «That little fuck, little shit, little fuckin' shit...» puis, Red entre. Il porte chemise blanche, cravate et habit. Peut-être une boucle d'oreille à droite. Il est dans la jeune quarantaine et n'a pas de bras gauche.

Sais-tu c'que m'a y faire à c't'ostie-là!? C'que j'aimerais y faire!? Le pendre, ostie! Par les boules, ostie! Par les tabarnak de boules, ostie! Le pendre par les boules... à un clou, chriss!

Ou mieux que ça... Mieux que ça, man...

C'que j'aimerais vraiment y faire à c't'ostie d'chien sale-là... Ouain, l'autre affaire que j'voudrais faire, ça s'rait de l'attacher après mon char avec des chaînes, pis l'traîner partout dans Vanier. Faire le tour de Vanier, fuck! le tour de Vanier avec lui qui crie en arrière tout l'long, fuck! J'partirais du pont Cummings pis je r'viendrais au pont Cummings pis après que j'sois revenu au pont Cummings, je r'partirais pis j'monterais le chemin Montréal en l'traînant à cent milles à l'heure, fuck! à cent milles à l'heure jusqu'à ce qu'y commence à s'défaire, fuck! à s'déboîter, fuck! À À À... jusqu'à c'que les morceaux s'mettent à flyer d'un bord pis d'l'autre! pis que les chiens sortent des cours pis des ruelles pour snacker dessus!

UN CHIEN POUR LES CHIENS, OSTIE!!!

That little fuck.

Le p'tit stuck-up de snob de câlisse qui me r'garde de haut — mother fuckin' little shit — qui me r'garde de haut, qui s'pense tellement, tellement mieux que moé, tellement supérieur, tellement Ah!!! parce que lui s'promène en Jetta, pas dans une vieille minoune. Parce que lui y vit dans un condo cinq étoiles, pas avec sa mère dans un demi sous-sol sur Olmstead en face du LCBO... That little fuck Little fuckin' son of a bitch avec son chriss de diplôme d'université que son père y'a payé avec l'argent qu'y fait avec ses clubs de danseuses, avec l'argent qu'y fait/ Je l'sais d'où qu'a' sort l'argent, moé, chriss! Je l'sais moé! Fait que t'sais veux dire, quand y s'habille en monsieur pis qu'y sort ses gros mots à quinze piasses, t'sais veux dire!

Son of a fuckin' bitch Son of a fuckin' bitch whore sacrament!

M'A L'CLENCHER C'T'OSTIE-LÀ!

M'a l'clencher pour c'qu'y m'a fait'!

Y s'pense protégé parce que son frère y'est connecté, parce que son frère fait des commissions pour les Italiens de Montréal, mais fuck that! On est pas à Montréal, icitte! On est à Vanier! Pis à Vanier, toutes les pizzerias appartiennent à des Libanais, chriss!

Courte pause.

Que c'est qui s'est passé? M'a vous dire que c'est qui s'est passé. Ok, check it out. Check it the fuck out.

Un matin, v'là deux semaines, j'rentre voir son frère Maurice au Eddy's Quick Lunch parce qu'y m'avait appelé pour me dire qu'y avait trouvé la bague j'y avais demandé.

Une bague... Ouain, t'sais une belle bague. J'avais demandé à Maurice si y pouvait pas me faire une faveur pis m'en trouver une qui avait d'l'allure, queque chose de first class avec un vrai diamant, t'sais... pour mes fiançailles à Danny. Queque chose qui impressionnerait, chriss, t'sais. Pis j'avais demandé à Maurice parce que dains bijouteries, cibole! t'as rien en bas de/ fuck trop! trop pour moé entéka...

Anyway, Maurice me l'avait trouvé...

Y l'avait pas, là, mais y l'avait vu. Pis si j'la voulais, y pouvait me l'avoir pour/ Bon c'tait encore cher mais on s'est entendus. Maurice pis moé on s'est toujours entendus fait qu'on s'est encore entendus c'fois-citte. Shit! Ça fait vingt-cinq ans qu'on s'connaît. Non! Trente! On jouait au hockey ensemble dans cour du Eastview High, on en avait douze, fait que... Eh! pis c'est moé qui y'a montré comment faire un char avec un coat hanger, t'sais... On s'connaît!

En tout cas pour la bague, on s'est entendus sur des paiements pis sur une p'tite jobbe qui voulait que j'fasse.

Pis que j'ai fait'! Le lendemain!

Parce que moé, j'ai toujours respecté mes engagements!

La preuve, ostie! La preuve! J'l'ai perdu v'là dix ans en faisant une jobbe pour son père, fait que Maurice y l'sait. On me d'mande de quoi, j'dis oui, j'le fais!

En tout cas...

En tout cas c'matin-là au Eddy's Quick Lunch, Maurice est pas tu-seul. Non, non, son p'tit frère est là. Ouain, the little fuck is there. J'sais pas pourquoi mais he's there. D'habitude, on l'voit pas souvent avec son frère — encore moins de c'bord-citte de la Rideau — y s'occupe pas de c'bout'-là de la business de la famille fait qu'y traverse pas souvent. En tout cas! He's there pis y'entend tout'. Comment j'veux y donner la bague à sa fête à Danny, avec ma mère là, pis sa famille à elle, là aussi, qui monterait de Hawkesbury pour l'occasion, pis t'sais... Fait que the little fuck dit Pourquoi vous faites pas ça icitte? Au restaurant icitte, juste en bas d'la rue icitte. Y'a une p'tite salle avec d'la place pour vingt personnes. On va t'réserver ça, Red, qu'y dit. Pour toi, Red, qu'y dit. On us, qu'y dit the little fuck.

«On us»! Ç'a vingt-quatre ans pis ça parle comme un big shot. Ç'a vingt-quatre ans pis ça pense que ça connaît tout! Ouain, ouain, ça connaît tout... Ça connaît rien! Rien de ce qui compte, qui compte pour vrai!

En tout cas...

Maurice fait Ouain Red, ça va être notre cadeau pour tes fiançailles. Si tu fais ça au restaurant ça va faire plus' comme une occasion spéciale. C'est ça tu veux, right?

C'est ça que j'veux certain, fait que j'dis oui...

Eh! M'a m'fiancer, t'sais.

C'est spécial en tabarnak. Jamais fait' ça moé, t'sais.

Pis... j'sais qu'y en a qui nous r'gardent drôle Danny pis moé parce qu'elle a' pèse deux cinquante pis moé ben... Mais depuis que j't'avec, j'ai arrêté d'avoir envie d'me câlisser une balle entre les deux yeux à tou'és fois que j'pogne un creux, pis j'bois pus comme un trou pour me l'enlever c't'envie-là quand a' m'vient fait que... Ouain, c'est spécial en tabarnak ces fiançailles-là. Pis j'voulais que ça soit parfait!

Pis c'est ça que j'leur ai dit: Les boys, j'veux que ça soit parfait!

The little fuck fait Pas d'problème, Red. J'm'occupe de la salle pis d'la bague, personnellement. T'as pas à t'inquiéter de rien, ça va être numéro un. Trust me.

«Trust me»! Little... En tout cas...

En tout cas moé, j'content pour le restaurant. C't'une place chic avec des peintures su'es murs pis tout'. Belle place. First Class. J'content en ostie parce que j'sais que ça jase du bord à Danny. Sa parenté de Hawkesbury savent pas trop quoi penser d'moé, pis t'sais... En tout cas, j'content. J'content parce que si j'les reçois dans une place de même, pis que j'y donne une belle bague avec un vrai diamant, j'sais qu'y pourront pas dire que j't'un bum!

Fait que j'organise tout' de mon bord. Les invitations, les ci, les ça... Ça marche. À matin, j'appelle Hawkesbury, j'leur explique comment s'rendre. Tout est cool. J'appelle au restaurant, la salle est réservée. Pas d'problème. J'appelle Maurice pour la bague, y m'dit son frère l'a, son frère s'en occupe. Y me donne son numéro, j'appelle, j'appelle. Pas d'réponse. J'laisse un message. J'laisse deux messages... Où qu't'es, man? What the fuck? Troisième appel — on est rendu quatre heures c't'après-midi — y'est là.

Y commence à m'shooter d'la marde. J'ai dit que j'allais être là, Red. Calme-toi. Commence pas à me harceler...

«Harceler, harceler» Que c'est ça? «Harceler», j'y dis. J'veux juste savoir comme à quelle heure? Faut je l'sache!

J'serai là quand j'serai là, qu'y m'fait.

Oui mais fuck man quand? J'ai du monde de Hawkesbury qui vont arriver qui vont r'partir... J'y dis J'veux que tu m'amènes la bague. C'est ma bague...

Là, y fait comme si y'est tout' insulté J'ai pas d'ordre à recevoir de toé.

J'y dis J'te donne pas d'ordre, j'te demande de m'amener ma bague, c'est toute!

Encore y m'sort l'affaire que j'le harcèle.

«Harcèle», what the fuck is this shit? «Harcèle»! que j'y dis. Fais-moé pas chier avec tes mots à quinze piasses! J'me fiance. J'veux ma bague! J'veux ma bague, sinon...

Sinon quoi? qu'y m'dit.

Sinon tu vas voir, tu vas voir «Harceler», you little fuck...

Y m'raccroche au nez.

The little fuck me raccroche au nez.

J'me dis fuck this. J'rappelle son frère. J'y dis à Maurice, Ton p'tit frère, that little fuck, he's screwin' me around!

Maurice m'écoute pis y m'dit... Y m'dit Red, j't'entends pis j'm'en occupe. Ça qu'y m'dit, Maurice.

Ok, fait que, check it out, tantôt, tantôt là, check it out...

On est dans salle. Tout l'monde est heureux. Danny a'l'a les larmes aux yeux tellement est heureuse là, elle. Moé, j't'un peu énervé pour la bague mais comme Maurice m'a dit qu'y s'en occupait... j'fais confiance à Maurice, I'm cool...

I'm cool jusqu'à c'que j'le vois arriver avec une pitoune, une danseuse en talons ça d'haut, les tétons presqu'à l'air, pis une jupe fendue jusqu'à touffe. En plus, y'ont l'air cocké au bout' tou'és deux, y'ont l'air d'être partis su'l'party depuis l'après-midi parce que lui y rentre en criant comme un fou Red! Red, mon ami! Mes félicitations! Toutes mes félicitations!

Little fuck...

Tout l'monde le regarde. Danny, ma mère, ses parents à Danny, sa parenté... Ouain, tout l'monde le regarde, la yeule grande ouverte de même. Ensuite tout l'monde me regarde, moé, comme pour dire Qui c'est ça? Pendant c'temps-là, lui y'avance vers moé avec une main su'l'cul d'la fille, tout en continuant à crier Excusez mon retard! Excusez mon retard! Pis là quand y'est à côté d'moé, y m'dit Mon frère t'envoie aussi ses félicitations, Red! Les plus chaleureuses!

Pis là, y sort une p'tite boîte, la met d'vant moé, me dit de l'ouvrir, de l'ouvrir devant tout l'monde.

Moé, c'pas d'même j'voulais faire ça.

Mais t'sais Ouvre-la Red! Ouvre-la! J'suis comme pris, fait que...

Red sort la boîte de ses poches.

Pis sais-tu c'qu'y'a dans p'tite boîte? Hein?!

Il l'ouvre avec difficulté, et finalement en sort un condom qui a servi.

Longue pause.

Pis sais-tu c'qu'y m'dit?

Y m'dit... en souriant! En souriant, ostie! Maurice te dit de pus jamais traiter son p'tit frère de Little fuck sinon tu vas perdre ton autre bras.

Longue pause.

Danny me dit de pas m'en faire.

Danny me dit d'oublier tout ça.

A' raison. J'sais qu'a' raison.

Ouain.

Faut j'pense à elle... Pis on veut un p'tit, hein? J'vous ai pas dit ça mais, ouain, on veut un p'tit fait que...

Red se plie en deux.

OSTIE QUE ÇA FAIT MAL!

NOIR.

82

Trick or Treat

Babel

Même si je sais que c'est pas vrai
j'te l'conte pareil quand j'me réveille
même si je sais que c'est pas vrai

Même si je sais que c'est pas vrai
je n'peux m'empêcher de te l'conter
même si je sais que c'est pas vrai

Des mots.

Des mots. Plein de mots. Partout.
C'était partout.
C'tait sur tout'.
Des mots. Des lettres. Des signes.
Partout.
Sur tout'.
Ostie que c'tait weird.

Des mots.
Sur les murs. Au plafond. Sur les objets.
Sur les parois des objets.
C'tait sur tout'.
Sur les marches, les portes.
La place ressemblait à un entrepôt de queque sorte.
Sauf que ça montait. Y'avait des marches.

Des marches. Des arches.
Des portes.
Ostie que c'tait weird.
Un entrepôt plein d'vieilles affaires oubliées.
Des objets perdus. Oubliés. Perdus.
Des affaires qui servent pus.
Pis y'avait pas de fenêtres. Ça montait. Mais y'avait pas d'fenêtres.
D'la pierre. Tout était en vieilles pierres taillées.
Tout avait l'air ben vieux. Vieux, vieux, vieux.
Ancien
Comme Égyptien ou romain
Très ancien
ou même plus vieux que ça.
Pis quelqu'un avait écrit sur toutes ces affaires-là.
Quelqu'un avait écrit partout sur tout'
Quelqu'un avait
Qui? J'savais pas qui.
Ni qui, ni quand.

Des mots.
C'était écrit partout. Sur des boîtes, des caisses, des vases.
Au plafond. Sur les murs. Les marches.
C'était partout. Sur tous les objets aussi qui traînaient le long des murs.
Sur des vieilles boîtes. Des valises.
Sur des malles (comme on se servait autrefois pour les voyages en paquebot) des grosses malles avec des tiroirs.
Sur des valises. Des vases.
Des boîtes. Des valises.
Mais y'avait des affaires modernes aussi. Comme t'à coup tu pouvais tomber sur un micro-ondes ou un morceau de char, t'sais, ou
un grille-pain
un congélateur
des calendriers avec des filles en bikini.

Ostie que c'tait weird.
J'sais pas pourquoi mais
Ostie que c'tait weird.
mais j'savais que c'tait des messages.
Ostie que c'tait weird.
Des messages de queque sorte.
Ostie que c'tait weird.
Au début, j'avais pas peur. J'trouvais ça juste comme,
comme weird t'sais. Marcher là-d'dans avec des mots
partout.
Des lettres. Des signes. Des p'tits dessins. Comme
d'l'égyptien comme. Pis d'autres comme du japonais ou
du chinois ou d'là-bas entéka, des pays là-bas.
Et tout à coup, j'ai compris.
Tout à coup, je me suis dit «C'est toutes les langues de la
terre».

Des mots.
Souvent c'était écrit... on aurait dit, en cyrillique ou en
arabe. Même des fois en chinois.
Je savais que c'était des mots mais c'était des mots
étrangers, dans des langues étrangères, des alphabets
étrangers, des écritures d'ailleurs, russe, chinois, arabe,
inuit (souvent on aurait dit de l'inuit).
C'était plein de mots partout. Mais j'arrivais pas à les
déchiffrer. C'était pas dans une langue que
j'connaissais.
Tout à coup, je me suis dit «C'est toutes les langues de la
terre».
C'est à ce moment-là que je me suis rendu compte que
j'étais dans une tour, que j'étais dans la tour de Babel,
que je montais dans la tour de Babel, que j'étais dans
l'histoire. L'histoire de la malédiction. L'histoire de la
punition.
Celle de la colère de Iahvé.
T'sais c'tait quoi... c'tait comme une espèce de musée ben

fucké. Un musée plein de... de junk.
C'est ce que j'expliquais aux autres, à tous ceux qui
descendaient tandis que je montais. C'est ce que je leur
expliquais...
Eux aussi me parlaient mais j'comprenais rien.
Ça, tu vois ça, ça j'trouvais ça normal.
J'trouvais ça normal de rien comprendre.
Mais autant que j'trouvais ça normal, autant que ça
m'fâchait qu'eux me comprennent pas.
Ça me fâchait assez.
On était tous pris. Chacun pris.
Pris dans ses mots, sa langue.
Pris
Chacun pris
Pris tous
Chacun
Chacun pris avec ses mots, sa langue
Tous pris
Pris
Moi aussi
Comme moi
Moi
Comme moi
Pis ça m'fâchait assez.
Ça m'fâchait assez.

La fête des mères

PERSONNAGES
CRACKED, 19 ans. Jeans, t-shirt noir, veste de jeans
sans manches, espadrilles.
VOIX 1, celle d'une très vieille femme.
VOIX 2, celle d'un homme.

LIEU
Une chambre dans l'aile psychiatrique d'un grand
hôpital au centre-ville.

TEMPS
Le dimanche de la fête des mères. Vers 19 h.

*Cracked s'adresse à sa mère. Elle est dans un lit devant
lui mais on ne la voit pas. Il a une enveloppe dans une
main.*

CRACKED

J'ai cashé mon chèque, hier, fait que j't'ai acheté une
carte.

*Pause. Il ouvre l'enveloppe, en sort une carte, lui
montre.*

Y'a une rose dessus. J'sais qu't'aimes le parfum aux
roses fait que j'ai pris celle avec la rose.

Pause.

R'garde.

Pause.

89

VOIX 1

J'ai mal!... J'ai mal!

Pause.

CRACKED

T'as encore ta bague? J'pensais qu'y l'enlevaient ça. La dernière fois, y te l'avaient enlevée. La dernière fois.

VOIX 1

J'ai mal!... J'ai mal!

Pause. Cracked dépose la carte sur la table de chevet du lit. Puis, il se ravise et la place debout en l'ouvrant.

CRACKED

Eh! Mom! J't'ai pas dit ça! J'ai oublié de/ J'sais pas pourquoi j'te l'ai pas dit. J'vas peut-être passer à tv. Ouain, fuck. À tv, fuck. (J'te l'ai pas dit. J'en r'viens pas que j't'ai pas dit ça.) À tv. C'tait des gars. Y'étaient deux. 'Sont v'nus avec leurs caméras. Quand j'tais en-d'dans. V'là trois, quatre semaines. V'là juste icitte, ouain, v'là trois semaines. Y'étaient deux. La caméra, les lumières. Shit!

Courte pause.

VOIX 1

J'ai mal!... J'ai mal!

Pause.

CRACKED

Fait qu'y m'disent de m'assire pis d'leur jaser ça. Blablabla. D'leur conter ma vie, de, t'sais, blablabla. Y m'disent, t'sais... La vérité! C'est ça qu'y m'disent. Parlenous de, t'sais/ C'est ça qu'y veulent. Comme si... ya sure! La vérité! Comme si ça s'peut, t'sais. Comme si/ Comme who the fuck knows, who the fuck cares. What the fuck is this shit, la vérité!?

Courte pause.

VOIX 1

J'ai mal!... J'ai mal!

VOIX 2

Farme ta yeule! Farme ta yeule! Farme ta yeule!!!

Pause.

CRACKED

Je l'sais c'qu'y veulent. Au fond? Au fond, je l'sais c'qu'y veulent. (Vérité. Shit. C'pas la vérité.) T'sais c'qu'y faut leur dire? Leur donner? À ceuzes-là qu'y veulent te faire cracher la comme t'sais la vérité?... You fuckin' shock the fuckin' fuck outta them, man. Ouain, the fuckin' fuck!

Il rit. Pause.

J'leur ai beurré ça, man. Beurré pas à peu près. J'en ai mis, fuck, t'sais... Des rats, des chiens fous, des viols en gang, des shotguns sous l'lit, des couteaux à gorge, d'la colle à onze ans, d'l'acide à douze, du crack à treize, des pères qui prostituent leurs kids, des oncles qui s'shootent dans cuisine. *(il rit)* J'ai tout mêlé. Des histoires que j'avais vues à tv, des bout's d'la vie d'un gars en d'dans avec moé, d'une fille que j'ai connue. Tout mêlé, rabouté ensemble. Shake-a-shake-a-shake. Voilà! El Fucké Numéro Uno in America!!!

Il rit. Courte pause.

Eh, Mom... Mom...

Earth calling, Mom. Earth calling, Mom. Come in, Mom. Come in, Mom. Do you read? Copy?

We are not reading you, Mom. Do you read? Copy?

Copy?

> *Il sort un briquet bic d'une poche, l'approche de l'endroit où doit être la tête de sa mère, l'allume.*

Y'a-tu quelqu'un?

Eh! Y'a-tu quelqu'un?

> *Pause. Il éteint le briquet et le remet dans sa poche.*

Faut j'y aille là, Mom. I gotta see a man about a pair of shoes.

> *Il rit. Courte pause.*

Si j'passe à tv, y vont me l'dire quand, pis m'a te l'dire, ok?... Tu me r'garderas à tv, ok?... Ça va être toutes des menteries mais tu me r'garderas pareil, ok?

> *Pause.*

VOIX 1
J'ai mal!... J'ai mal!

> *Pause.*

CRACKED
Bonne fête des mères, Mom.

> *Pause. Il se tourne pour sortir, s'arrête.*

VOIX 1
J'ai mal!

VOIX 2
Farme ta yeule! Farme ta yeule! Farme ta yeule!!!

> *Il retourne auprès de sa mère. Rapidement. Ramasse un petit savon enveloppé qui se trouve sur la table de chevet. Jette un regard par-dessus son épaule. Sort le savon de l'enveloppe. Regarde sa mère.*

CRACKED

(*parlant de la bague*) Tu vas voir. Ça va s'enlever, tu sentiras rien.

> *Il crache sur le savon. Le frotte avec un doigt pour le faire savonner. Regarde de nouveau par-dessus son épaule.*
>
> *Ferme tes yeux.*

(*doucement*) Ferme tes yeux, Mom.

> *NOIR.*

Jonas et la baleine

Je suis dans la baleine
Ah ben don Ah ben don
Ah ben don don daine
Je suis dans la baleine
Qui vit dessous les flots
Qui vit dessous les flots

Je suis dans la baleine
avec un vieil homme
un sage homme
qui s'occupe de moi

qui prépare les repas
qui me lit des histoires
la nuit
quand j'ai peur

Je suis dans la baleine
dans le ventre de la baleine

Le matin, le midi, le soir
le vieil homme me permet de me servir de son
cellulaire

«*Vous avez rejoint la boîte vocale de — Mylène —*
Veuillez dicter votre message maintenant.»

«*Maman…*»

Je suis dans la baleine

«*Quand est-ce que vous allez venir me chercher?*»

Ah ben don Ah ben don
Ah ben don don daine

La fête des pères

PERSONNAGES
MIKE, 15 ans. Vêtu hip mais sobre. Propre.
RICHARD, 30 ans.

LIEU
Salon/cuisine à aire ouverte dans l'appartement du
père.

TEMPS
Le dimanche de la fête des pères. Vers 14 h.

*Mike a deux sacs d'épicerie dans chaque main. Il est
debout devant Richard qui est en robe de chambre.*

RICHARD
  Y l'savait?

MIKE
  C'est la fête des pères...

RICHARD
  Oui, mais/

MIKE
  ...ben oui, y l'savait.

RICHARD
  Oh.

MIKE
  On s'en était parlé.

96

RICHARD
   Oh.

Courte pause.

MIKE
   En tout cas, on s'était dit qu'on allait se voir, qu'on...

RICHARD
   Ce soir? Y t'a dit que vous alliez vous voir ce soir?

MIKE
   J'ai pensé y faire une surprise... Lui faire à souper, c'est
   ça la surprise, pis/

RICHARD
   Fait qu'y l'savait pas...?

MIKE
   Pas pour la surprise, non, mais...

RICHARD
   J'veux dire, y l'savait pas pour à soir?

MIKE
   Ben, oui...

Courte pause.

RICHARD
   C'est parce qu'y m'en a pas parlé.

MIKE
   Oh.

RICHARD
   C'est pour ça.

MIKE
   Mais on s'était dit qu'on s'verrait, qu'on...

RICHARD
   Ah oui?

97

MIKE

Oui.

RICHARD

Quand?

MIKE

Y m'a promis qu'on s'verrait, qu'on...

RICHARD

C'est parce qu'y'est revenu seulement avant-hier, fait
que...

MIKE

Je l'sais mais...

RICHARD

Vous vous êtes parlé pendant qu'y'était à Toronto pour
le tournage?

MIKE

J'avais pas l'numéro. Y m'a pas laissé son numéro.

RICHARD

Fait que c'était avant Toronto?

MIKE

Oui, avant Toronto. Y m'a pas laissé son numéro. Y
oublie des fois d'nous laisser son numéro.

RICHARD

Oh.

> *Pause.*

Veux-tu que j'le réveille?

> *Courte pause. Mike jette un coup d'œil vers les coulisses
> (où on imagine serait la chambre à coucher), puis il se
> dirige vers un comptoir où il déposera les sacs.*

98

MIKE

Non. Ça va.

> *Mike commence à vider les sacs sur le comptoir.*
> *Richard le regarde faire pendant un moment.*

Y s'est couché tard?

RICHARD

On a fini à six heures à matin. On a rushé comme des malades.

MIKE

C'est toi, Marc?

RICHARD

Marc? Non.

MIKE

Ah.

RICHARD

Moi, c'est Richard.

MIKE

Richard?

RICHARD

Oui... S'cuse, on s'est même pas présentés, pis... C'est qui, Marc?

MIKE

J'sais pas. Mon père m'a dit qu'y s't'nait avec un gars qui s'appelait Marc. Fait que j'ai pensé que t'étais Marc. Tu fumes des plain?

RICHARD

Écoute, je...

99

MIKE

D'la truite fumée. As-tu déjà goûté à d'la truite fumée?
Mon père aime ben ça. Si tu veux y faire plaisir à un
moment donné, achète d'la truite fumée.

RICHARD

Du vin?

MIKE

Oui. D'l'italien. Un merlot.

RICHARD

Comment t'as fait pour acheter du vin?

MIKE

J'l'ai volé d'chez ma mère.

RICHARD

J'pense que j'devrais aller le réveiller.

Courte pause.

MIKE

J'ai tout' fait ça pour rien, c'est ça? À soir, y peut pas.
Y'a d'autre chose à soir, c'est ça?

Pause.

RICHARD

Y'a dû oublier.

MIKE

C't'écrit dans son agenda. Trouve son agenda, pis tu vas
voir que c't'écrit. Je l'sais que c't'écrit dans son agenda,
j'étais là quand y l'a écrit.

RICHARD

Ah! tu vois, c'est ça. C'est l'agenda. Tu vois, c'est/

MIKE

Y'a perdu son agenda?

RICHARD

Non. Pas perdu. Oublié. Y l'a oublié à Toronto. On
l'ramasse tout à l'heure au terminus. La directrice de
production l'a envoyé par autobus. Tu vois, c'est ça.
L'agenda. C'est juste qu'il l'avait pas, son agenda. Ça
explique tout.

> *Courte pause.*

MIKE

Ça fait juste trois jours, ça explique rien.

> *Pause.*

RICHARD

Écoute, ça fait deux jours qu'on rush. On a quasiment
pas dormi depuis qu'y'est revenu. On a fait comme un
vingt-six heures d'affilée sur l'espresso pour y arriver.
C'est son film. Son projet de film? T'sais, son projet de
film?

MIKE

Y'a toujours quinze projets de films.

RICHARD

Non. Pas ceux-là. Pas les films des autres. Le sien. Son
histoire. Pas ses projets de caméraman. Son histoire. Son
scénario. Je l'sais que tu sais lequel j'veux dire, t'as
composé d'la musique. Y t'a raconté l'histoire pis t'as...
(en se dirigeant vers le système de son) Tu t'en souviens
sûrement...

MIKE

L'histoire dans l'Nord?

RICHARD

Celle de l'enfant, du p'tit gars qui...

> *Musique joue. Piano. Un air qui ressemble à du Sati.*

T'avais composé ça pour lui.

101

MIKE

Shit, j'avais onze ans.

RICHARD

On l'a écouté souvent pendant qu'on travaillait.

Courte pause.

MIKE

Pis?

RICHARD

C'tait pas prévu. Tout ça c'tait de l'imprévu. C'est que tout à coup y'a toutes sortes de choses qui sont tombées en place. Fallait bouger vite. C'tait maintenant. Là. Maintenant... On avait/ avant qu'y parte pour Toronto, ok/ on avait/ (deux semaines avant? Non trois. Ouain trois semaines avant) on avait reçu un coup d'fil d'une nouvelle fille qui travaille pour le producteur qui avait financé le documentaire sur les délinquants, celui que j'monte pis que ton père...? En tout cas ...en tout cas, elle, la fille, elle l'avait lu, le scénario — une ancienne version — quand a' travaillait pour Téléfilm, ok? A' parle du concept au gars qui cherche des projets de fiction parce qu'y vient de revenir de Banff avec toutes sortes de contacts qui savent, paraît-il, comment financer des projets avec de l'argent de j'sais pas quel réseau en Europe (l'Islande? l'Irlande?), en tout cas ça, c'pas important parce que ça pas... en tout cas... L'important, c'est que le gars — son gars, le producteur — veut pas lire tout le scénario, évidemment! Fait qu'on retravaille la structure du synopsis ton père et moi, on l'envoie. Le gars allume! Y'aime tellement ça qu'y fait un pitch au téléphone à un de ses contacts à Atlantis, le jour même. L'autre allume aussi! Celui d'Atlantis fait quelques suggestions. Beaulieu nous les faxe. Beaulieu c'est l'gars, ok? Beaulieu nous les faxe. On refait une autre version — ben, deux, une en anglais —... Faxe,

faxe, faxe. Ton père part pour Toronto. Moi, j'corrige encore un coup à partir d'autres remarques qu'on m'faxe d'Atlantis. Faxe à Toronto. Faxe à Beaulieu. Refaxe à Toronto. Change encore ci, ça. C'est pus un p'tit gars, c't'une fille. Retraduit les versions. Une chance que ton père parle bien l'anglais parce que moi... Là tout d'un coup, y veulent un synopsis plus détaillé. C'est là-dessus qu'on a rushé, c'est ça qu'on a fini à six heures à matin. Fallait, on les rencontre à soir. Le gars d'Atlantis/ pas l'premier, le premier est pus dans l'portrait... son boss à lui/ le gars d'Atlantis est ici pour signer un gros truc — j'sais pas combien de millions, un gros truc en tout cas — un gros truc avec Radio-Canada demain après-midi, mais y'est monté d'avance pour nous en parler à Beaulieu pis à nous.

> *Courte pause.*

C'est très excitant. Ton père et moi, on est très excités.

> *Courte pause.*

C'est tellement une belle histoire aussi.

> *Pause. Fin du morceau de piano.*

MIKE

(sans regarder Richard) C'est pas ma robe de chambre, ça?

RICHARD

Ça? Je... oh... Est-ce que c'est ta robe de chambre? Je...

MIKE

C'est ma robe de chambre, oui. La mienne. Ma robe de chambre. À moi. La mienne. *(se tournant vers Richard)* LA MIENNE, CHRISS!... S'cuse, je... s'cuse... C'est juste que... j'veux dire c'qu'y fait — j'veux dire mon père — mon père, c'qu'y fait, c'est pas de mes/ j'veux dire j'ai pas un mot à dire su'a game. Je l'sais, c'est/ j'veux dire c'est ça. C'est d'même. J'le comprends ça. Je suis assez vieux, assez mature, fuck!, oui assez mature pour comprendre ça, fuck! Mais ça, c'est ma robe de chambre, pis ça... ça... tu vois, ça...

RICHARD

Y m'a dit que j'pouvais, je savais pas que...

MIKE

Tu vois c'est ça. C'est ça. C'est de ça dont j'parle. Tu vois.

RICHARD

J'vais l'enlever.

MIKE

Mais y t'a dit que tu pouvais la mettre, tu vois. C'est ça. Y te l'a dit pis c'est ça. *(se dirigeant vers la machine à cassettes)* J'ai rien ici, presque rien, tu vois, je/ minimum, c't'un minimum, queques p'tites choses, deux-trois cassettes, j'prends pas d'place, j'veux pas m'imposer, on s'était entendus sur, t'sais, un minimum, on s'était entendus sur un minimum. *(sortant la cassette)* Y'a une question de principe ici, tu vois-tu c'que/ DE PRINCIPE! *(lançant la cassette)* Moi, j'ai rien à dire, j'ai rien à/ j'veux dire sa vie c'est sa vie. C'qu'y fait/ Eh! Sa vie c'est sa vie! C'est pas moi qui va dire le contraire. C'qu'y fait, avec qui y l'fait, avec qui y couche... Eh! Sa vie! Mais on pourrait-tu comme se respecter? Se respecter?

RICHARD

J'vais l'enlever.

MIKE

Fuckin' right tu vas l'enlever! Fuckin' right!... S'cuse...

RICHARD

J'vais l'enlever.

104

MIKE

Ok, tu vas l'enlever mais... Mais c'est pas ça. Tu vois-tu? C'est pas ça. J'veux dire, c'est trop tard. C'est fait'. C'qui est fait', est fait'.

RICHARD

J'vais l'enlever.

MIKE

C'est fait'. C'est trop tard. C'est fait'!

Courte pause.

RICHARD

T'as raison. Ton père avait pas d'affaire à m'dire de la prendre.

MIKE

Essaie pas.

RICHARD

Quoi?

MIKE

Essaie pas.

RICHARD

Je...

MIKE

Essaie pas.

RICHARD

Non, j'te donne raison, c'est tout'. C'est vrai que...

MIKE

Essaie pas de/ j'veux dire... j'veux pas entendre ça. J'veux pas entendre que...

Mike s'approche de Richard. Il ponctue ce qu'il dit en le dardant d'un doigt.

FUCK YOU! FUCK TA COMPRÉHENSION! FUCK TA
CHRISS DE...

> *D'un geste rapide et efficace, Richard lui prend la
> main, la tord, et oblige Mike à se mettre à genoux.
> Aussitôt que celui-ci pousse un petit cri de douleur,
> Richard le relâche et recule d'un pas.*
>
> *Pause.*

RICHARD
Ça va?

MIKE
Non.

RICHARD
J't'ai fait mal?

MIKE
Oui.

RICHARD
Pas trop?

MIKE
(après une courte pause, en se secouant la main) Non,
pas trop.

RICHARD
J'suis ceinture noire, premier dan.

MIKE
Ah.

RICHARD
J'donne des cours d'autodéfense aux jeunes dans
l'Village.

MIKE
Ah.

RICHARD

Les mardis soir. À huit heures.

MIKE

Ah.

RICHARD

C'est important de savoir se défendre.

MIKE

Oui.

RICHARD

Surtout de nos jours.

MIKE

Oui.

Courte pause.

RICHARD

T'as quel âge toi cou'don?

Pause.

Écoute, j'ai rien à voir avec ta colère. Rien à voir là-dedans. Y'a une partie de moi qui veut réagir à ton niveau, mais... Mais, mais, mais... je sais que je ne serais pas en train de réagir à toi, je serais en train de réagir à moi, à une partie de moi qui ressort toujours, chaque fois, quand on me blâme ou quand je me sens blâmé.

Courte pause.

MIKE

T'es en thérapie.

RICHARD

Oui.

MIKE

Mon père se ramasse toujours avec quelqu'un en thérapie. Ma mère a été en thérapie pendant dix ans.

107

RICHARD

Elle a arrêté?

MIKE

V'là un an.

RICHARD

A' va mieux?

MIKE

Non. Pire. Mais j'aime mieux ça. J'aime mieux dealer
avec elle sans que «Suzanne» soit toujours là.

Courte pause.

RICHARD

J'vais aller le réveiller. J'vais enlever ta robe de chambre
puis j'vais le réveiller.

MIKE

(se levant) C'est pas nécessaire... Merci. Mais c'est pas
nécessaire.

RICHARD

Vous devriez...

MIKE

(l'interrompant) Merci... Merci, mais... *(il ramasse la
cassette)* De toute façon, la fête des pères a été inventée
par un employé d'un grand magasin de New York.

Mike sort.

*Pause. On entend un bruit en coulisse, du côté de la
chambre à coucher. Richard se tourne vers le bruit.*

RICHARD

T'es réveillé depuis quand?

NOIR.

Caïn

J'roulais depuis un bout'
sur une autoroute déserte
dans un Chevy Impala 67
blanc, jacké
avec un orignal d'attaché
su'l'hood

   ensuite ç'a changé
d'un coup ç'a changé
   j'conduisais pus
j'marchais

      «Caïn!... Caïn!»

vite

j'marchais vite
   j'tais nu-pieds
j'marchais en portant un sac sur mon dos
   un sac? non
c'tait-tu un sac?
   non
c'tait quelqu'un
   c'tait quelqu'un dans un sac

Chriss y'avait quelqu'un dans l'sac

ouain c'est ça

«Caïn!»

mon frère, c'tait mon frère

«Caïn!»

j'cherchais une place secrète
   une place
fallait pas qu'on m'voit, fallait pas qu'on m'trouve
   une place
loin
   loin de tout'
loin
   loin des autres
loin
   loin de Lui

«Caïn!... Caïn!»

  j'marchais vite
nu-pieds su'es roches
j'marchais dans l'désert

pis rendu au milieu du désert
j'me suis mis à creuser un trou

  j'creusais le trou
  en me servant de mes mains

quand j'ai fini
j'm'en suis r'tourné

  je m'en suis r'tourné

en effaçant mes traces
   comme les Indiens dains films
en marchant
   à reculons
dans mes pas
   en m'éloignant du lieu

du lieu

du

crime

   «Caïn!... Caïn!»

J'roulais depuis un bout'
sur une autoroute déserte
dans un Chevy Impala 67
blanc, jacké
avec un orignal d'attaché
su'l'hood

j'roulais vite

fallait pas qu'on m'voit, fallait pas qu'on m'trouve

Les amis

PERSONNAGES
BEN, 41 ans. Complet, cravate, souliers en peau
d'alligator. Bagues. Bedonnant.
RAYMOND, 37 ans. Chemise à manches courtes, aux
couleurs voyantes. Pantalon foncé. Souliers italiens.

LIEU
Café-bar. Une table ronde. Deux chaises. Un téléphone
payant.

TEMPS
Le premier juillet. La Fête du Canada. Vers 10 h.

Ben boit un capucino. Raymond boit un espresso.

RAYMOND

J'pense à toé, j'vois un gars dans ma tête, pis c'te gars-là
c'est toé, pis j'me dis «Ben», j'me dis «Ben c'est mon
ami»...

Pis quand j'te vois ici ou dans shop à ton père ou su'a
rue ou... j'me dis la même chose, j'me dis «Ben», j'me dis
«Ben, c'est mon ami»...

Pis quand j'me souviens de, t'sais, des fois... des fois
comme quand ta mère est morte pis t'étais soûl paqueté
aux as pis tu déparlais à propos d'avion pis d'voler, de
voler sans jamais revenir à terre — t'en souviens? on
était su'l'toit icitte à côté (j'avais assez peur que tu
t'pitches en bas, chriss) — pis toé tu déparlais, tu

112

déparlais avec tes bras ouverts de même en ailes
d'avion, tu disais des affaires à moitié en français à
moitié en anglais à moitié en polonais... «J'veux voler,
Raymond, voler chriss, voler au-d'ssus des montagnes,
des villes, de toute ostie, au-d'ssus de toute»... T'en
souviens?

Ouain quand j'me souviens de ces fois-là, j'me dis «Ben
c'est mon ami... Ben c'est mon meilleur ami».

BEN

Tu t'es servi d'leurs noms.

RAYMOND

J'me suis pas/ C'est pas ça. Y m'a demandé qui
j'connaissais.

BEN

Pis t'as dit Bobby pis Dutrissac.

RAYMOND

J'les connais Bobby pis Dutrissac, fait que j'y dis que
j'connais Bobby pis Dutrissac.

BEN

Raymond...

RAYMOND

Fuck, man, c'est tout'!

BEN

Raymond...

RAYMOND

J'me suis pas/

BEN

Tu t'es servi d'leurs noms, Raymond.

RAYMOND

Y m'a demandé...

BEN

Raymond...

RAYMOND

Chriss, Ben, j'ai pas pensé que, que, que...

BEN

(Non, t'as pas pensé, certain.)

RAYMOND

...qu'y allait l'appeler. Checker avec lui si...

BEN

Pourquoi tu penses qu'y t'a demandé ça?

RAYMOND

J'pensais que, t'sais, qu'y se demandait qui j'connaissais, c'est tout'...

BEN

(Innocent.)

RAYMOND

C'est tout'... Ok, innocent. J'suis innocent mais/

BEN

You're fuckin' with me.

RAYMOND

Ben...

BEN

You're fuckin' with me.

RAYMOND

Non.

BEN

You are fuckin'/

RAYMOND

Non.

114

BEN

Si tu veux que j't'aide...

RAYMOND

(I'm not fuckin' with you.)

BEN

Si tu veux que ton ami t'aide/

RAYMOND

(I'm not fuckin' with you)

BEN

Faut que je sache exactement dans quoi j'm'embarque.

RAYMOND

I'm not fuckin' with you, man.

BEN

Si j'parle à Dutrissac...

RAYMOND

Toutes mes cartes sont sur la table.

BEN

Si je parle à Dutrissac...

RAYMOND

Tu vas y parler?

BEN

J'veux y parler, Raymond, c'est pas ça...

RAYMOND

Merci, Ben.

BEN

C'est pas ça l'problème.

RAYMOND

Merci. Je l'oublierai pas celle-là.

115

Raymond se lève et va au téléphone en sortant un bout de papier d'une poche.

BEN

J'veux y parler mais j'peux pas y parler si tu m'dis pas tout'.

RAYMOND

Ben, j't'ai tout' dit.

BEN

Tu l'sais-tu c'qui va m'arriver si j'commence à bullshitter Dutrissac?

Raymond signale en lisant un numéro sur le bout de papier.

RAYMOND

Y'a pas d'bullshit.

BEN

Tu l'sais-tu c'qui va m'arriver si Dutrissac pense pense! fait yenque penser! que j'suis en train de le bullshitter quand j'vas y parler sur ce téléphone-là à matin?

RAYMOND

(au barman) Jaypee fais-z-en deux autres! *(à Ben)* T'en veux un autre?

BEN

Ouain, ouain, j'en veux un autre.

RAYMOND

Deux autres, Jaypee!... Shit!

BEN

Quoi?

RAYMOND

Rien. C'est son service. *(laissant le message)* Oui, c'est Raymond. Tu peux me rejoindre au 495-8682. On attend ton appel.

Raymond raccroche et revient à la table. Pause.

BEN

Un gars faut qu'y connaisse sa place. Dans l'ordre. Dans l'monde. Dans le, t'sais... qui est qui. Et où. Où, Raymond, où.

RAYMOND

Qui est au-d'ssus d'lui, qui en-d'ssous...

BEN

J'connais ma place.

RAYMOND

J'sais. Pis c'est pour ça que j'te demande ça.

BEN

Tu sais pas où t'es, tu sais pas qui t'es.

RAYMOND

Je l'sais qui j'suis, Ben.

BEN

Pis où? Tu sais-tu où?

RAYMOND

Ça peut changer.

BEN

Peut! Peut changer.

RAYMOND

Ça peut changer.

BEN

Je l'sais que ça peut changer.

RAYMOND

Souvent.

BEN

Ça change souvent, je l'sais. Ça bouge.

RAYMOND

Oui.

BEN

Ça bouge tout l'temps.

RAYMOND

Des fois...

BEN

Des fois ça bouge vite.

RAYMOND

Très vite.

BEN

Des fois tu montes très vite, des fois tu descends encore plus fuckin' vite. C'est toé qui m'a appris ça.

RAYMOND

Oui.

BEN

Raymond...

RAYMOND

Oui.

BEN

C'est toé...

RAYMOND

Oui.

BEN

J'savais rien de rien de tout ça. J'avais, quoi?... vingt ans... T'en avais seize, t'en savais plus long que moé!

RAYMOND

J'ai été élevé là-d'dans.

BEN

Ça j'te dis. T'as pas d'excuse.

RAYMOND

J'ai rien connu d'autre.

BEN

J'ai envie de te battre, là, Raymond. J'ai envie de te
câlisser une volée, sacrament. T'envoyer à l'hôpital,
tabarnak. Y m'semble que ça m'ferait du bien. You're
my bud, my buddy, my bud, you fuck! Pis tu viens me
demander... you fuck!

RAYMOND

J'viens te d'mander quoi?

BEN

Tu me d'mandes de/

RAYMOND

De m'backer, Ben. De m'backer icitte là. J'te demande
de dire à Dutrissac que tu m'backes, de dire à Dutrissac
qu'y tire sur sa laisse pis qu'y r'tienne Bobby, d'y dire
que j'ai fait' une erreur que j'ferai pus jamais.

BEN

Tu l'savais que ça s'faisait pas.

RAYMOND

Je me suis pas servi/

BEN

Nom, pas nom, tu/ Même si c'est vrai — pis j'te crois
pas que tu savais pas c'que tu faisais en parlant d'eux-
autres — mais même si c'est vrai, même si!

RAYMOND

(C'tait une erreur.)

119

BEN

T'avais pas d'affaire en train de dealer directement avec...

RAYMOND

(C'tait une erreur.)

BEN

Avec c'monde-là.

RAYMOND

J'le ferai pus.

BEN

«C'tait une erreur.» C'pas une erreur, tu savais c'que tu faisais. T'as une femme pis un enfant, Raymond. As-tu...

Le téléphone sonne. Courte pause.

RAYMOND

Tu vas y parler?

BEN

Y l'sais-tu que t'es v'nu m'voir pour ça? Oui. Fait que oui, j'vas y parler.

Sonnerie.

RAYMOND

(se levant) Je l'oublierai pas celle-là.

BEN

Qui d'aut' savait?

RAYMOND

Personne.

BEN

Raymond...

RAYMOND

Personne.

Sonnerie.

BEN

J'suis supposé croire ça.

RAYMOND

J'tais pas rendu là de toute façon. J'pensais tout faire moi-même.

BEN

Tu-seul?

        Sonnerie.

RAYMOND

Max de vente, full profit. C'tait ça mon plan.

BEN

J'comprends pas.

RAYMOND

Y'a rien à comprendre.

        Sonnerie.

BEN

Non, non, comment tu peux penser...?

        Raymond répond.

RAYMOND

(au téléphone) Oui?... Hein?

BEN

J'ai envie de te câlisser une volée, you fuck.

RAYMOND

(au téléphone) Oui, oui, c't'icitte... Ben?

BEN

C'est pas lui?

RAYMOND

(au téléphone) C'est qui?... Ouain, ouain, c'est moé. Toé, t'es qui?...

BEN

C'est qui?

RAYMOND

(à Ben) C'est ton jeune.

BEN

Quel jeune?

RAYMOND

Le ti-cul speedé qui s'habille mal, là, t'sais...

BEN

Cracked?

RAYMOND

Lui. Tu l'prends-tu?

BEN

Oui, oui.

RAYMOND

(lui remettant le combiné) Fais ça vite, sur mon message d'hier, j'ai dit à Dutrissac dix heures, pis y'est passé.

Raymond sort, il reviendra avec les cafés.

BEN

(au téléphone) Oui... Oui... T'es où?

Ben regarde par la fenêtre.

Pourquoi tu m'appelles si t'es juste là?... J'te vois, j'te vois, what the fu...?

Ben regarde vers Raymond.

Qui?... Que c'est qu'y t'a dit, Bobby?... Où?

Ben regarde de nouveau par la fenêtre mais dans une autre direction.

Shit... C'est tout c'qu'y'a dit?... Rien d'autre?... J'veux y parler. Va y dire que j'veux y parler... Ben oui, au téléphone... Après ça, va-t-en, get lost, ok?... Fais c'que j'te dis... Je l'sais qu'on/ écoute, c'que/ là, là just do it. Raccroche (pas)... Fuck!

> *Raymond revient.*

Tu dois combien à Bobby, en plus'?

RAYMOND
Quinze.

BEN
Fuck.

RAYMOND
Mais tu y diras à Dutrissac qu'y va les revoir ses quinze, Bobby, que j'suis bon pour les quinze.

BEN
T'es bon?

RAYMOND
Tu l'sais que j'suis bon pour quinze. Chriss, quinze c'est pas la fin du monde.

BEN
Tu m'dois cinq, déjà, ça fait un an que...

RAYMOND
Ah! Bereczky!

BEN
Non, non... que tu m'promets de...

RAYMOND
Pis t'es en train de crever de faim à cause de cinq (mille)...?

BEN
J'dis pas ça. Moi, c'est (différent).

RAYMOND

J'pensais que t'avais plus' de classe que ça, Bereczky.

BEN

Quoi? Classe? De quoi...?

RAYMOND

C'est l'moment de me ressortir c'que j'te dois? J'pas assez dans marde comme c'est là?

BEN

J'te dis c'que Bobby se dit. J'essaie de...

RAYMOND

Fuck Bobby. C'est Dutrissac/ C't'à Dutrissac que tu vas parler.

BEN

Oui mais Bobby/ Bobby pis l'argent, t'sais comment/ Quand Bobby va y parler/

RAYMOND

J'vas t'dire moé c'que j'pense de Bobby.

BEN

Bobby veut ta peau! Tu l'sais ça, Raymond. Bobby veut ta peau.

RAYMOND

Y'est pas raisonnable c't'ostie-là, y'est pas/

BEN

On l'sait ça.

RAYMOND

Bobby c't'un fou. C't'un câlisse de fou.

BEN

Bobby c'est Bobby.

RAYMOND

   (bas) T'aimerais pas ça l'voir s'faire clencher, s'faire piquer, s'faire...?

BEN

   Dis-lé pas.

RAYMOND

   Avoue-lé, ostie.

BEN

   Dis-lé pas.

RAYMOND

   Come on. *(bas)* Y'a yenque moé pis toé icitte, Ben. Come on, envoye. C't'un vicieux, un fucké...

BEN

   C'est pas...

RAYMOND

   (bas) T'en rappelles c'qu'y'a fait' à fille.

BEN

   Ah chriss.

RAYMOND

   J'en dis pas plus long.

BEN

   (bas) C'tu ça que t'as dans tête?

RAYMOND

   (bas) Y'est dangereux...

BEN

   (bas) C'tu ça qui s'passe icitte?

RAYMOND

   (bas) C't'un vicieux, c't'un fucké...

125

BEN

(bas) Si c'est ça que t'as dans tête...

RAYMOND

Ben non.

BEN

Raymond...

RAYMOND

J'pas fou, Ben. J'connais ma place.

BEN

J'espère.

RAYMOND

Qui au-d'ssus, qui en-d'ssous...

BEN

J'espère.

RAYMOND

Pis celui qui est au-d'ssus c'est Dutrissac, pas Bobby.

BEN

Mais Bobby...

RAYMOND

Oui, oui, je l'sais, je l'sais, «Bobby c'est Bobby». Je l'sais.

BEN

J'espère.

RAYMOND

(bas) J'fais yenque dire...

BEN

Dis-lé pas.

RAYMOND

(bas) J'pas fou mais j'fais yenque dire...

Le téléphone sonne.

BEN

(se levant) J'vas l'prendre. C'est pour moé.

RAYMOND

Pour toé?

BEN

Fait que personne d'aut' savait?

Sonnerie.

RAYMOND

Personne. J'te jure.

BEN

(en répondant) Oui...

Ben regarde par la fenêtre dans une direction puis dans l'autre.

Oui... (regardant Raymond) Non, pas vraiment... juste icitte, oui...

RAYMOND

C'est qui?

BEN

(à Raymond) Cracked, c't'encore Cracked.

RAYMOND

Fuck Ben, Dutrissac va/

BEN

Va m'chercher du sucre.

RAYMOND

Du sucre? Tu prends pas d'sucre.

BEN

Des fois j'en prends.

RAYMOND

J't'ai jamais/

BEN

Dans mon deuxième. *(au téléphone)* Attends je r'viens.
(à Raymond) J'aime ça dans mon deuxième.

RAYMOND

Depuis quand?

BEN

Depuis, depuis... j'sais pas moé. J'ai changé, astheure
j'aime ça. Laisse-moé vivre, ok!

    Raymond sort.

Ok, ça va. T'es où?... *(regarde ailleurs)* Right, got ya...
So?... Dutrissac? C'est Dutrissac qui t'as dit où c'est qu'on
serait?... Tu l'sais que j'y parle tantôt, là, hein? Écoute,
Bobby... j'veux essayer de, t'sais de, you know Bobby,
smooth things out, here, you know. On s'connaît tous.
Depuis des années. We've seen a lotta shit happen, j'suis
sûr qu'on... Comment ça qu'y t'a dit ça?... C'est ça qu'y t'a
dit?... Ouain ben là, là, toé, tu m'dis ça mais quand j'y ai
parlé hier soir à Dutrissac, c'est pas ça qu'y s'est dit.

    Raymond revient avec le sucre.

J'veux que ça soit lui qui me l'dise... I'm not fuckin'
around... Regarde-moé, j'bouge pas d'icitte avant de
l'avoir entendu de mes propres oreilles, tu peux
comprendre ça. *(à Raymond)* Merci. *(au téléphone)* Tu
peux voir pourquoi je... Je dis pas que... J'dis pas ça.
J'pense pas ça. J'doute de personne. C'est pas du doute,
c'est pas ça... Non, non c'est... c'est pas du... J'pas en
train de... J'aimerais quand même y parler... J'bouge pas.
C'est... C'est ça.

    Ben raccroche.

RAYMOND
    Des problèmes?

BEN
    On verra, on verra...

RAYMOND
    Y sort lui, là, hein?

BEN
    Qui?

RAYMOND
    Ton jeune.

BEN
    Ouain. Fait deux mois.

                    Pause.

RAYMOND
    Tu prends pas l'sucre?

BEN
    Hein?

RAYMOND
    Le sucre?

BEN
    Ah! Oui, merci.

RAYMOND
    (en polonais) Proszę [Bienvenue] (en français).

BEN
    Hein?

RAYMOND
    C'est pas d'même on dit ça?

BEN
(en polonais et en corrigeant la prononciation)
Proszę.

RAYMOND
(en polonais) Proszę.

> *Pause.*

Y'a trouvé ça long?

BEN
Hein?

RAYMOND
Ses six mois?

BEN
T'as pas trouvé ça long, toé?

RAYMOND
Pas tant qu'ça.

BEN
C'pas ça tu m'disais.

> *Courte pause.*

RAYMOND
Là, j'trouverais ça long. Sans Carinne, sans la p'tite... fuck.

> *Pause.*

T'avais raison, Ben...

BEN
J'avais raison...?

RAYMOND
J't'ai pas tout' dit.

> *Courte pause.*

BEN

Tu m'as pas tout' dit...?

RAYMOND

Non.

BEN

Ok... Qui d'aut' savait?

RAYMOND

C'pas ça. Personne savait. C'pas ça...

BEN

C'est quoi?

> Raymond sort un papier plié de sa poche de chemise.

C'est quoi?

RAYMOND

'Garde.

> Courte pause.

C'pas pire, hein? A' dessine ben la p'tite bonyenne.

BEN

A' pas eu ses quatre ans encore, là, elle, hein?

RAYMOND

En septembre.

BEN

Appelle. J'veux y acheter un cadeau.

RAYMOND

Les femmes d'la garderie, c'est ça qu'a' m'ont dit. Qu'est avancée pour son âge. Tu devrais la voir quand a' fait ça. Concentrée, man. C'est beau d'la voir, quand a' fait ses filles, ses princesses... c'est toutes des princesses avec des couronnes pis des grandes/ des espèces de grandes robes...

131

BEN

C't'une fille. Les filles aiment ça les princesses, les/

RAYMOND

Pis toutes ses maisons, là, check ça, man, toutes ses maisons, y'ont des cheminées qui fument.

BEN

Ouain? T'as pas d'cheminée chez vous.

RAYMOND

T'sais c'que ça veut dire ça, hein...?

BEN

Ça veut dire queque chose?

RAYMOND

Tu l'sais pas, hein? Moé non plus, je l'savais pas que ça voulait dire queque chose. Ça veut dire qu'y'a d'l'amour dans maison, c'est ça que ça veut dire.

BEN

De l'amour?

RAYMOND

Ouain, ça veut dire comme c'est chaud, c'est... Tu vois-tu? C'est d'la chaleur. C'est pour ça, ça fume dans cheminée, c'est parce qu'y'a du feu. Pis l'feu c'est l'amour.

BEN

Le feu c'est...

RAYMOND

J'ai lu ça. C'est des docteurs qui disent ça.

BEN

Ouain?

RAYMOND

L'amour c'est l'plus important, Ben. L'amour. Il n'y a que l'amour.

132

Pause.

J'l'ai frappée.

Pause.

Hey! Jaypee! Jaypee sers-moé queque chose de fort...
euh un brandy euh un... euh fuck euh un Metaxa...
ouain, un Metaxa, sers-moé un Metaxa...

Pause.

J'l'ai frappée, Ben. A' rien fait', j'veux dire, a' voulait pas
remettre les capuchons sur ses crayons, mais t'sais, ok a'
voulait pas, j'y dis trois fois pis... C'est la pression, man,
la, les quinze mille à Bobby, tes cinq, les jobbes, ci, ça,
fuck... fuck...

*Raymond baisse la tête, appuie son front contre la
table.*

J'faisais c'coup-là pis j'disparaissais. J'lâchais tout'.
J'payais tout l'monde, pis fuck le reste, fuck tout', t'sais
man, fuck tout'...

BEN

Qui d'autre savait, Raymond?

RAYMOND

Personne! Veux-tu arrêter avec ça.

Courte pause.

BEN

Que c'est que t'allais faire?

RAYMOND

N'importe quoi, Ben. N'importe quoi. Vendeur de
souliers, livreur de pizza, concierge, chriss. Plongeur
dains restaurant à six piasses de l'heure, j'm'en câlisse.

Courte pause.

Quand j'me suis vu la frapper, là... Ça s'dit pas, Ben...
Ben, man...

133

Le téléphone sonne. Ben se lève.

(se levant aussi) C'correct.

BEN

Non, non, j'vas...

RAYMOND

Que c'est que t'as?

BEN

Laisse-moé...

Sonnerie.

RAYMOND

(répondant) Oui?... Eh!... Oui, oui, y'est icitte... On va pouvoir s'entendre, j'suis sûr qu'on... Oui.

Raymond remet le combiné à Ben.

BEN

(au téléphone) Oui... Oui...

Ben fait un geste pour éloigner Raymond qui était resté tout près pour entendre la conversation. Il ira chercher son Metaxa, reviendra durant ce qui suit.

J't'entends mais... J'pense que tu sais c'que j'aimerais... J'pense que tu sais aussi pourquoi j'aimerais qu'on arrive à calmer les affaires, à trouver une solution, une façon de régler c'qu'y a à régler. Comme l'argent, si l'argent c't'un problème, j'veux dire, on pourrait peut-être s'entendre... L'argent qu'y doit... J'sais... Personne. Y m'jure que personne savait, que c'est un trip solo, que... Un quoi?... Un abcès. Ouain, j'sais c'que ça veut dire abcès...

RAYMOND

(regardant par la fenêtre) Eh... c'est pas...

BEN

(au téléphone) J't'entends... J't'entends...

RAYMOND

(reconnaissant Bobby) Chriss!

BEN

(au téléphone) J't'entends...

RAYMOND

Eh, Ben, as-tu vu qui c'est qui est là?...

> Raymond et Ben se regardent dans le blanc des yeux.

BEN

(au téléphone) Faut penser à ça aussi, oui... Non, on voudrait pas ça... j't'entends...

> Ben baisse les yeux.

J't'entends... Mais justement c'est ça j'te dis, tout l'monde veut éviter qu'on, t'sais...

RAYMOND

Mon ostie...

BEN

...T'sais, qu'on se r'trouve comme dans même situation...

RAYMOND

Mon ostie...

BEN

It was a fuckin' headache, j'm'en souviens...

RAYMOND

Mon ostie, toé.

BEN

She was a fuckin' headache. On veut pas — j'ai raison, j'ai pas raison? — on veut pas se retrouver ni toé ni moé ni Bobby...

RAYMOND

C'est tout' de la marde.

BEN

...J't'entends...

Raymond lui prend le combiné des mains.

RAYMOND

(au téléphone) Eh! Écoute-moé ben toé, personne savait rien, personne d'autre. C't'une erreur. C't'une folie. J'pensais faire une passe d'argent. Une passe d'argent vite faite ben faite. C'tait pas/ J'essayais pas d'te crosser ni toé ni Bobby. C't'une one time deal, une passe-passe pour du cash, that's it, that's all.

BEN

Y m'a crossé moé avec, Raymond.

RAYMOND

J'connais ma place, Dutrissac, man. Je connais, t'sais/ j'veux dire, j'pas en train de monter une patente cont' toé ou Bobby, j'pas en train d'monter une équipe pour vous tasser en faisant entrer les boys de Toronto pis de Bogota, chriss! J'pense pas d'même. J'connais ma place. C'tait une one time deal...

BEN

Raymond j'te jure...

RAYMOND

...une one time deal pour r'payer mes dettes, clairer mes dettes...

BEN

J'te jure...

RAYMOND

C'tait pour ma p'tite, Dutrissac, man. Pour ma p'tite. Juste pour ma p'tite. Écoute-moé ben...

BEN

J'pensais trouver une façon de...

RAYMOND

...A' quatre ans. A' va avoir quatre ans...

BEN

...de, de, de, t'sais, d'arranger les...

RAYMOND

...pis j'veux sortir avec elle sans penser qu'y faut que j'me watch...

BEN

...smooth things over...

RAYMOND

...qu'y faut que j'me check, j'veux pas/ tu vois-tu, man?

BEN

J'te jure, Raymond. J'te jure...

RAYMOND

...tu vois-tu? Fuck man, c'est juste ça...

BEN

...si j'avais su...

RAYMOND

C'est juste ça. C'est juste ça qui s'passait...

BEN

...j'y aurais jamais dit. Si...

RAYMOND

(à Ben) FUCK YOU! FUCK YOU MON OSTIE! TA YEULE!

> *Courte pause.*

BEN

Y m'a crossé moé avec, Raymond.

> *Courte pause. Raymond se remet à parler au téléphone.*

RAYMOND

Écoute, je veux que tu saches que... hein?... A' quatre ans, a' va avoir quatre ans... Quoi?... Qu'y arrive quoi?... *(courte pause)* Non, non, j'veux pas que... Oui, c'correck, j'ai compris, mais...

> *Dutrissac a raccroché. Longue pause. Raymond raccroche.*

BEN

Y m'a crossé moé avec.

> *Sans regarder Ben, Raymond sort lentement.*

Où tu vas?... Raymond?

Faut que tu m'crois, Raymond. Y m'a dit que si tu l'avais fait' tu-seul, on allait pouvoir s'entendre. C'est ça qu'y m'a dit.

> *Raymond est sorti. Ben regarde par la fenêtre. Longue pause. Le téléphone sonne.*

(au téléphone) Oui... oui, oui, y'est parti avec lui... C'est ça, on en parle pus...

> *Ben ramasse le dessin que Raymond a laissé sur la table.*

C'est ça.

NOIR.

L'épreuve sur la montagne

Le vieil homme et le garçon ont quitté le camp avant l'aube.

> *Un bonhomme m'a donné du p'tit bois*
> *d'la corde*
> *pis y m'a dit d'le suivre*

À midi, ils ont trouvé la piste
qui montait à pic
vers le sommet

> *Pis c'est ça que j'ai fait'*

Dans une main
celle de son père
dans l'autre
le bois, la corde

> *J'ai suivi l'bonhomme*
> *jusqu'en haut d'une montagne*

En chemin
Isaac lui demande
Où est l'agneau, père

Abraham lui répond
Quand nous y serons
il le sera aussi

Rendu en haut d'la montagne

Mais

Chut

j'ai pris l'paquet d'p'tit bois
j'l'ai arrangé en tas à terre
comme pour faire un feu comme
Ensuite

Dans une main
celle de l'enfant
dans l'autre
le couteau, le feu

Ensuite le bonhomme a pris sa corde
pis y m'a attaché avec

Y m'a attaché
Y'a allumé le feu
Y'a sorti son couteau

Un Ostie d'gros couteau
Un Ostie d'gros couteau d'boucherie

J'l'ai vu l'monter dains airs
J'l'ai vu l'monter
en l'tenant à deux mains
le monter le plus haut qu'y pouvait

Trick or treat

PERSONNAGES
MIKE, 15 ans. Veste et pantalon d'armée déchiré, pull
rouge à capuchon, bottes noires.
BEN, 41 ans. Complet, cravate, souliers en peau
d'alligator. Bagues. Bedonnant.
CRACKED, 20 ans. Jeans, veste de cuir, bottes de
cowboy. Cheveux courts gominés. Hyperactif.

LIEU
Arrière-boutique de Bereczky & Fils Réparations
d'appareils électroniques et de téléviseurs. Un vieux
bureau. Quelques chaises. Une table de travail sur
laquelle se trouve un téléviseur et des outils. Un fouillis
de téléviseurs, de radios, d'ordinateurs, etc. Un
afficheur électronique.

TEMPS
Soir de l'Halloween. Vers 22 h.

Sur scène, il y a cinq téléviseurs qui fonctionnent.

*Avant le début de la pièce, sur les écrans, on voit un
montage de séquences de vidéo amateur. Un jeune
garçon de huit ans (Mike) est déguisé en cowboy pour
l'Halloween. On le voit avec ses deux jeunes sœurs
quittant la maison, revenant avec un sac plein de
bonbons, mangeant des chocolats, s'amusant avec ses
fusils, jouant du piano, etc. Le montage rejoue
plusieurs fois.*

*La scène et la salle sont dans l'obscurité sauf pour la
lumière des téléviseurs et de l'afficheur électronique.*

Musique: Gangsta Rap.

Afficheur électronique
   «31 OCTOBRE 1998»

> *Sur les écrans de TV: un écran d'ordinateur où on voit apparaître le texte suivant:*

Déposition officielle de M. Michel Rainville (mineur).
En présence des détectives Paré et Bouchard.
31 octobre 1998. 23 h 46

Afficheur
   «J'AI JAMAIS PENSÉ QUE ÇA FINIRAIT COMME ÇA.»

> *La musique baisse.*

> *Changement brusque d'éclairage.*

> *TV: Montage de prises de vue de différentes caméras de surveillance dans le métro.*

> *Ben est assis dans la chaise pivotante près du bureau. Il mange des perogies, boit un coke.*

> *Mike s'adresse tout d'abord au public, puis à Ben.*

MIKE

J'y r'pense pis... Ah! T'sais, c'est juste comme... Ah! Ça me r'vient pis, j'les r'vois, j'les r'vois là pis... En plus' y'est comme cinq heures de l'après-midi. Le métro y'est plein à craquer. On est comme ça là-dedans. Des sardines. Jammés tight. Y'a du monde partout. Tu penserais que quelqu'un — j'sais pas qui, quelqu'un en tout cas — qu'une personne quand c'est arrivé aurait pu/ Une! Juste une! Au moins une! Penses-tu? Pantoute. Pas une. Pas un chat. Ça veut rien savoir, rien voir. Tout l'monde marche la tête baissée. Un troupeau. Pareil comme un troupeau. Un troupeau qui r'vient des champs. Comme dans l'film de Chaplin. La tête baissée, y rentrent chez eux pis c'est Achalez-moi pas personne. Y rentrent, y foncent, y r'gardent pas c'qui s'passe à côté d'eux-autres, à gauche, à droite. Non, non, y'a rien qui pourrait les arrêter. Un vrai troupeau, j'te l'dis, pareil comme dans l'vieux film de Chaplin. Ça va tout drette, tout drette pis c'est Achalez-moi pas...

BEN

Tu m'as pas dit que c'tait dans une ruelle?

MIKE

Après. Ça finit dans ruelle. Celle à côté d'la sortie. Mais ça commencé en haut de l'escalateur. C'est là qu'y étaient.

BEN

Les six gars?

> TV: *Sur l'écran d'un téléviseur, on voit un groupe de jeunes qui font des grimaces, des folies, des gestes obscènes vers la caméra. Durant ce qui suit, d'autres groupes font pareil sur les autres téléviseurs.*

MIKE

Ouain. C'est là. Drette là où y'a plein d'monde. Ça rentre, ça sort. Y'est cinq heures!

BEN

Eux-autres...?

MIKE

Sont là. Dans l'chemin un peu. Faut faire le tour comme, tu vois-tu? Mais personne leur dit rien. Personne les regarde. Le monde font le tour pis t'sais, j'sais pas si c'est parce qu'y'ont peur d'eux-autres à cause d'un reportage qu'y'ont vu à tv ou lu dains journaux ou si y veulent juste pas commencer une affaire ou si c'est comme tu penses pas, tu fais juste faire le tour comme tu ferais l'tour d'un poteau sans y penser parce que tu t'en vas chez vous, ailleurs, après une journée de travail, une journée à l'école... Moé avec, moé j'm'en allais voir une fille...

143

BEN

Ta blonde?

MIKE

Non, non, yenque une fille que j'connais. Son oncle a un dépanneur, a' travaille là des soirs. J'm'en allais, t'sais, boire un coke, jaser, j'sais pas, passer un peu d'temps... Anyway, moi avec j'suis comme le reste, comme les autres, moi avec c'est comme Achalez-moi pas j't'en train de penser à Vickie, à mon coke, à ci, ça, j'sais pas, pis j'fais l'tour de la gang des six gars. J'pense pas que, t'sais, qu'y faut que j'sois sur mes gardes ou/ Y'est cinq heures! Y'a plein d'monde! C'est pour ça que j'suis surpris, t'sais.

> *TV: Retour au montage des foules dans le métro. Sauf sur un écran où on voit l'action décrite par Mike mais de très loin.*

T'à coup, les six sont autour de moi. Y'en a un qui me demande pour du feu, queque chose, j'fais Non non n'ai pas Bang! y'en a un d'eux-autres qui m'agrippe par le collet pis y sortent toute la gang avec moi, j'fais Eh eh eh! Lâchez-moé! Lâchez-moé! Y'a plein d'monde autour qui l'voit, qui voit bien c'qui s'passe! Mais t'sais, y'a-tu quelqu'un qui fait queque chose? Pantoute! Là t'à coup, j'suis dans ruelle. J'fais un move comme pour me défaire de l'autre qui m'a toujours par le collet mais t'sais sont six, on m'pogne par en arrière pis là t'à coup j't'à terre pis y'en a un d'eux-autres, un chien sale, qui sort son couteau, me l'met dans face. Que c'est-tu veux que...?

BEN

Tu peux rien faire.

MIKE

Ben non.

BEN

Pis là, y prennent tes souliers.

MIKE

Mes Nike. Top of the line. Cent soixante-quinze piasses. J'venais d'les avoir. Quand j'y r'pense là... Ah!

BEN

Tu pouvais rien faire.

MIKE

Non, hein?

BEN

À six contre un? Eh!

MIKE

Y m'semblait aussi.

BEN

Pis ça s'est passé avant-hier?

MIKE

Oui.

> *Les téléviseurs s'éteignent.*

Afficheur

«NON. J'AI JAMAIS PENSÉ QUE ÇA FINIRAIT COMME ÇA FINI.»

> *Pause.*

MIKE

Fait que...

> *Courte pause.*

BEN

Non. Non, j'pense pas que j'peux t'aider.

MIKE

Jaypee m'a dit que...

145

BEN

Jaypee m'a dit que t'avais dix-huit ans.

MIKE

J'ai dix-huit ans.

BEN

Ouain, ouain, sure kid...

MIKE

J'ai dix-huit!

BEN

Jaypee m'a menti, pis toé, t'es en train de me mentir.

MIKE

Non. Jaypee t'as pas menti. J'ai ma carte, j'ai...

BEN

Ha! Ta carte!? Ha!... Eh! J'ai-tu d'l'air d'une valise? J'ai-tu d'l'air d'une cruche? V'là deux ans, tu passais l'Halloween déguisé en Super j'sais pas qui avec les autres ti-culs comme à soir pour ramasser des pommes, des nananes pis des bonbons. Arrête! Ta carte! Shit!

MIKE

Jaypee...

BEN

Laisse faire Jaypee. M'a y parler dans l'casque à Jaypee. Que c'est qu'y a dans tête, lui, t'envoyer icitte, t'envoyer à moé. Shit!

    Courte pause.

MIKE

Ok, j'ai dix-sept.

BEN

Eh, c'est beau si t'en as seize. Arrête.

MIKE

Non, non, j'ai dix-sept. C'est vrai que la carte, j'l'ai fait'
faire pis que...

BEN

Kid! Tu me mens! Tu me mens en pleine face. C'est pas
une bonne idée.

MIKE

Non?

BEN

Non. Ton âge... envoye, pour vrai...

MIKE

Seize, *(réaction de Ben)*, j'vas avoir seize en janvier.

   Pause.

BEN

Merci. La porte est là.

MIKE

J'veux un gun.

BEN

T'as quinze ans!

MIKE

Qu'est-ce que ça t'fait quel âge que j'ai? C'est pas toi qui
l'achètes, c'est toi qui l'vends. Tu m'connais pas. Peut-
être que tu me r'verras pus jamais. Que c'est qu'ça peut
ben te faire? C'est ma vie, non?

   Pause.

BEN

Bon point, kid... C'est euh... Ouain... En autant que c'est
pas moi qui se retrouve avec un trou d'balle entre les
deux yeux, pourquoi j'devrais m'en faire? C'est ça tu
m'dis.

147

MIKE

C'est ça j'te dis. *(courte pause)* Pis?

BEN

J'pense.

Courte pause.

MIKE

T'en as un?

BEN

J'pense! J'PENSE!

Courte pause.

MIKE

Écoute, c'est pas compliqué si t'en as un, tu/

BEN

Eh! Pousse pas! J't'ai dit que j't'en train de penser fait
que, t'sais... respire par le nez!

Courte pause.

C'est pas que j'te comprends pas. Se faire voler pis se
r'trouver avec un couteau dans face, c'est pas l'fun.
Après ça, je l'sais, tu t'dis j'veux m'arranger pour pus
que ça m'arrive. Jamais! J'te comprends, kid. Je l'sais où
c'que t'es dans ta tête. Ça vient de t'arriver pis t'es
fâché.

MIKE

Oui.

BEN

T'es en colère.

MIKE

Oui.

BEN

Tu vois bleu. Pis là t'as pris une décision. T'as décidé d'agir.

MIKE

C'est ça.

BEN

Ça t'arrivera pus parce que tu vas t'arranger pour pus que ça t'arrive. C'est ça?

MIKE

En plein ça.

BEN

Je l'sais où t'es rendu dans ta tête. Tu l'vois l'gars. Le chien sale. Celui avec le couteau. Y t'a par le collet. Y va te refaire le même coup. Sauf c'fois-citte...

> *Ben ouvre rapidement le tiroir du bureau et sort un revolver.*

Ha! Ha! Surprise! Ouain, c'fois-citte c'est toi qui l'a par le collet pis c'est lui qui est en train de pisser dans ses culottes!

> *Courte pause.*

C'pas ça que tu vois, kid? Hein? C'pas ça que tu vois? J'ai raison, j'ai pas raison?

MIKE

Oui.

BEN

J'ai raison certain. Je l'sais c'que t'as dans tête.

> *Il dépose le révolver sur le bureau.*

J'connais ça. J'ai été où t'es, moi avec.

MIKE

Ouain?

Ben se remet à manger ses perogies.

BEN

T'as été humilié. C'est pas qu'y t'ont volé tes souliers —
j'veux dire tes souliers c'est pas rien mais c'est pas tes
souliers — non! l'affaire c'est que t'as été humilié. Pis
être humilié de même c'est comme se faire mordre par
un serpent. Tsss! Quiens! un serpent venimeux. Après
ça, t'as l'poison dans l'sang. Pis c'poison-là c't'un poison
qui brûle, c't'un poison qui t'brûle par en-d'dans. T'as
mal, ça s'dit pas. T'es mal. Tu veux l'oublier mais
t'arrives pas à l'oublier. Ça te revient quand tu t'y
attends pas. T'es en train d'prendre ta pisse du matin pis
t'à coup, de même! tu r'vois la face du bonhomme, du
chien sale, son sourire, comment ça s'est passé, tu r'vois
tout', t'entends tout' c'qu'y t'a dit encore pis encore... Pis
l'poison se r'met à brûler. Le poison brûle pis toé t'es
pris dans l'playback qui joue, qui r'joue, qui r'joue... Ça
rend fou! Tu penses rien qu'à ça.

Courte pause.

MIKE

Pis qu'est-ce que t'as fait'?

BEN

C'que moé j'ai fait'? J'parlais pas de moé, j'parlais de
toé.

MIKE

Mais t'as dit...

BEN

J'ai rien dit. Joue pas avec ma tête, toé, ok kid.

MIKE

Ok.

BEN

J't'expliquais que j'te comprenais, c'est tout'. Ok?

150

MIKE

Ok. *(courte pause, puis en avançant vers le revolver)*
C'est-tu lui?

BEN

Eh! Ça... ça s'appelle Touche-z-y pas. C'est le mien, y'est
chargé, pis c't'un p'tit vif, un p'tit sensible, tu souffles
dessus pis y part.

> *Pause.*

MIKE

Fait que si tu m'comprends si bien que ça, envoye,
vends-moé-z-en un.

BEN

Sais-tu c'que ça fait à quelqu'un, tu y tires ça dans face?
C'est pas un jeu vidéo, y r'viennent pas en pesant sur
un bouton ou en mettant un autre cinquante cennes
dans machine. Non, non, non, ça fait un trou...

MIKE

Je l'sais que ça fait un trou.

BEN

Un trou noir. Un vrai trou qui reste.

MIKE

Excuse-moé là mais, j'suis pas venu icitte pour écouter
ça. Tu m'en vends un, oui ou non? Si y faut que j'aille
ailleurs, j'vas aller ailleurs. Mais t'sais, le cours de
morale... non, merci.

BEN

Un cours de morale? Moé?

MIKE

Ouain.

151

BEN

Moé, j't'en train de te faire la morale...? C'est ça tu penses que j'fais?

MIKE

Si c'est pas ça, ça y r'semble.

BEN

Ouain?

MIKE

Ça y r'semble en maudit.

> *Ben range son revolver dans le tiroir, se lève, avance vers Mike.*

BEN

On s'est pas très bien compris, d'abord. M'a te l'expliquer d'une autre façon.

> *Ben se rend à un établi et, durant ce qui suit, il sort une vieille boîte à outils qui est rangée sous un drap.*

Parce qu'y'a une affaire j'pas sûr que t'as catché dans patente icitte, pis c'est ben important que tu l'catches. C'est pas yenque un gun qu'un gars achète quand un gars achète un gun d'un gars comme moé.

> *Courte pause. Ben ouvre le cadenas qu'il y a sur la boîte.*

Y'a des affaires qui vont avec. Toutes sortes d'affaires...

MIKE

Comme...?

BEN

Comme... 'Mettons j'te vends c'que tu veux que j'te vende... Premièrement, tu sors d'ici, tu sais pas comment j'm'appelle, t'as jamais entendu parler de moé, tu m'as jamais vu la face. On s'comprend?

152

MIKE

On s'comprend.

BEN

Parce que c'est ça l'affaire, si jamais tu l'oubliais ça pis que j'apprenais...

MIKE

Ça arrivera pas.

BEN

Comme si tu t'en sers pis tu t'fais prendre, ou si juste tu l'caches pas comme y faut pis quelqu'un l'trouve pis que toé, tu t'mets à chier dans tes culottes pis que tu dis où tu l'as eu...

MIKE

J'ferai pas ça.

BEN

Je l'sais-tu ça moé?

MIKE

J'le ferai pas. J'pas un stool.

BEN

Parce que c'que j't'en train de t'expliquer icitte c'pas une leçon de morale, kid, c't'une loi de la jungle! Pis c't'une loi de la jungle qu'y faut suivre parce que la seconde, la seconde! que tu sors d'icitte *(en sortant un revolver de la boîte)* avec ça — c'correct y'est pas chargé — ouain, la seconde tu traverses la porte avec ça dans tes poches, tu viens de te mettre les pieds dans la jungle.

Ben ramasse un marteau qui traîne sur l'établi.

Pis dans mon monde, ça s'rend aux bœufs que moé j't'ai vendu un péteux, compte-toé chanceux si tu t'ramasses avec seulement une main de scrappée.

Courte pause.

153

MIKE

C'est très clair, ça, pour moi.

BEN

C'est mieux d'être clair.

MIKE

Très clair, parfaitement clair. Jaypee m'a dit cent cinquante, moé c'que...

BEN

Wo! Respire par le nez, c'est pas vendu. J't'encore en train de penser... As-tu entendu c'que j'viens de t'dire?

MIKE

(impatient) J'pas un stool. J'ai jamais stoolé d'ma vie. J'en ai fait' des coups pis j'me suis déjà fait' prendre, mais j'ai jamais stoolé.

BEN

Tu sors d'icitte avec ça, tous tes p'tits coups t'as fait' avant, y comptent pus, y comptent pour a'rien.

MIKE

C't'une autre ligue, j'comprends...

BEN

C't'une autre game, kid! Une autre game! Avec d'autres règlements, d'autres punitions, d'autres... d'autres lois.

MIKE

Les lois de la jungle.

BEN

Right.

MIKE

C'est clair tout ça. J'l'ai catché tout ça. Tu me l'as expliqué, très bien expliqué.

BEN

Ouain?

MIKE

Très bien. Très, très bien. Écoute, pour moé, un stool
c't'un moins que rien. Y'a pas d'excuse pour stooler,
y'en a pas! Tu stooles, tout' c'qui t'arrive après ça tu
l'mérites. Tout'! N'importe quoi! J'veux dire, c't'une
question d'honneur.

BEN

D'honneur?

MIKE

Comme dans les histoires. Les vieilles histoires de/
Comme dans l'ancien temps. Comme pour les nobles...
les chevaliers, les ducs, les rois, les princes, c'gang-là.
Pour eux-autres, un homme sans honneur, c't'un
insecte. Si y faut l'écraser, tu l'écrases. Pas de regrets,
pas d'remords. C't'un insecte! Y'a pas d'honneur? Faut
l'écraser. Scruntch! Si tu stooles, tant qu'à moi c'est tout'
c'que tu mérites...

BEN

Te faire scruntcher?

MIKE

Te faire scruntcher. Oui.

> TV: Cinq angles différents du visage de Vickie. Elle est
> en train de parler mais il n'y a pas de son jusqu'à sa
> réplique.

'Garde, c'est comme moé quand j't'arrivé sans mes
souliers au dépanneur. Vickie, a' voulait que j'appelle la
police, que t'sais que j'en parle à son père ou à mon
père ou... 'Était après moi Faut pas que tu t'laisses faire
Faut pas que t'les laisses faire! Faut pas non plus
qu'eux-autres pensent qu'y peuvent faire n'importe quoi
qu'y veulent Faut qu'y apprennent qu'y'a des t'sais des

155

conséquences quand... J'y ai dit Assez! Assez! Assez
Vickie! No way!

VICKIE (écran)

J'te dis c'que j'pense, t'es pas obligé de crier. C'est pas
moi qui t'ai attaqué.

MIKE

S'cuse, mais t'sais...

VICKIE (écran)

Quoi, «t'sais»...?

MIKE

J'vas m'en occuper.

VICKIE (écran)

Comment?

MIKE

Comme je veux! Comme moé, j'décide!

VICKIE (écran)

Des fois tu m'fais peur, Mike. J'sais pas c'qui s'passe
dans ta tête.

MIKE

En tout cas, no way que j'vas passer par la police, ou
par j'sais pas qui... (à Ben) En tout cas pas par mon
père ça c'tait certain...

VICKIE (écran)

J'suis sûre que ton père s'rait prêt à t'écouter, qu'y'est
moins pire que tu l'dis.

MIKE

C'est pas ton père, c'est l'mien! (à Ben) 'Est ben fine,
j'l'aime ben mais des fois c'est comme a' comprend pas
des affaires.

BEN

Comme l'honneur?

MIKE

Justement. Comme l'honneur. Justement.

BEN

Pis comme qu'on va pas brailler dains bras de son père chaque fois que...?

MIKE

Ben non.

BEN

Même si on en a envie.

VICKIE (écran)

J'te demande pas d'aller brailler dans ses bras...

MIKE

J'ai pas envie.

BEN

Y'a rien de mal à avouer qu'on en a envie des fois, kid. C'est naturel...

MIKE

J'ai pas envie.

VICKIE (écran)

C'est naturel de vouloir parler à...

MIKE

Quand? Y'est toujours parti.

VICKIE (écran)

C'est son travail...

BEN

Qu'est-ce qu'y fait, ton vieux?

VICKIE (écran)

...y voyage partout. C't'un caméraman. C'est pas qu'y veut pas te voir ou...

MIKE

Mon père fait ses affaires, moi, j'fais les miennes. Sa vie c'est sa vie.

VICKIE (écran)

J'suis certaine qu'y t'écouterait.

MIKE

C'est d'même que c'est, c'est d'même j'le veux, c'est d'même que ça va rester.

VICKIE (écran)

Des fois tu m'fais peur, Mike. J'sais pas c'qui s'passe dans ta tête.

> TV: Quand Ben se met à parler, le visage de Vickie a disparu.

BEN

Moé, l'mien vit juste en haut.

MIKE

Qui?

BEN

Mon père. Drette là. C'est sa shoppe. Y'a travaillé icitte, quoi? quarante-sept, shit! cinquante ans! Cinquante ans pis y s'est jamais mis une cenne de côté. J'fais plus' dans un mois que lui dans ses meilleures années. J'veux qu'y vende mais y veut rien savoir. C't'un vrai Pollack. Tête dure, ça s'peut pas. Y'a rien de plus bucké qu'un vieux Pollack qui buck. Il l'a achetée en débarquant du bateau, après qu'y'est sorti de Pologne quand les Russes sont arrivés. Aie! Les affaires qu'y'a vues, qu'y'a vécues... les pires. Les histoires qu'y m'a contées... Pis sais-tu quoi? Quand tu y demandes comment ça va? y répond toujours en français — y parle pas français, y'était marié trente ans avec ma mère, une Beauchamp, pis c'est juste si y sait dire «merci» — mais tu y demandes comment ça va pis — c't'une affaire qu'y'a lue, qu'y'a apprise en Pologne, j'sais pas où — y dit toujours *(en imitant l'accent)* «Tout va pour le mieux dans le meilleur des mondes».

Comment qu'y peut dire ça après tout' c'qu'y'a vu? J'ai jamais compris ça, j'ai jamais... Pis ça t'intéresse pas pantoute c'que j'te raconte là, hein?

MIKE

Non, non... j'veux dire Oui, certain... si...

BEN

Ah! pis pourquoi ça t'intéresserait l'histoire d'un vieux Pollack qui va crever? Ça intéresse personne.

Courte pause.

Ah! what the hell, c'est ta vie... Jaypee t'as dit cent cinquante?

MIKE

Oui.

BEN

Ok. C'est cent cinquante.

Ben lui lance le revolver.

MIKE

Ok. Yes!

BEN

T'as douze balles qui viennent avec, mais après ça tu r'viens pas m'voir, tu m'connais pas. On s'comprend là-dessus?

Mike baisse les yeux. Pause.

On s'est pas dit tantôt qu'on s'comprenait là-dessus?

MIKE

Oui. C'est juste...

BEN

Quoi?

MIKE

Ok. Jaypee m'a dit que c'est cent cinquante...

BEN

Commence pas à dealer le prix, là toé!

MIKE

Non, non. Cent cinquante, c'est cool, c'est ben cool. On peut-tu s'entendre sur des paiements?

Longue pause.

BEN

Des paiements?

MIKE

Oui. Comme tant par deux semaines. 'Mettons vingt? Vingt par deux semaines?

Pause.

BEN

C't'une joke que tu m'fais là, right?

MIKE

Oui. Oui, oui... Non.

Courte pause.

BEN

T'as pas les cent cinquante?

MIKE

J'vas les avoir.

BEN

Tout ça, pis t'as pas les cent cinquante?!!

MIKE

T'aimes pas l'idée des paiements?

BEN

J't'écoute me faire un grand speech sur l'honneur pis t'as pas les cent cinquante.

MIKE

Ok, si t'aimes pas l'idée des paiements, j'ai pensé à une autre affaire. *(réaction de Ben)* J'connais un dépanneur. C'est un p'tit vieux qu'y a ça. Facile. No hassle. Si j'ai l'gun, j'pourrais faire le dépanneur pis j'suis sûr que j'sors de là avec au moins les cent cinquante sinon plus...

> *Ben vient chercher le revolver des mains de Mike. Il le déposera sur le bureau.*

Fait que 'mettons... Non, non, attends. *(en sortant l'argent de sa poche)* 'Mettons que j'te laisse les trente piasses que j'ai à soir pis c'est comme toé, tu m'loues le gun, tu vois-tu? tu m'loues le gun pour faire le dépanneur c'te semaine...

BEN

Arrête.

MIKE

Non, non, cette semaine garanti. Pis j'te remets le reste dans, j'sais pas, queques jours...

BEN

Arrête.

MIKE

...queques jours, au plus tard. Ou même demain. J'le fais en sortant tu-suite pis...

161

Ben lui donne une solide claque sur la tête.

BEN

J't'ai dit d'arrêter!... You little shit!... C'qui m'empêche de t'ramasser par le fond de culotte pis de t'passer à travers c'te télévision-là, c'est que j'me vois en train de conter ça à du monde que j'connais, pis j'sais qu'y vont pisser dans leurs culottes tellement qu'y vont rire! Mais là, là, mon plat de perogies y'est froid, mon coke y'est chaud, pis j'sais pas si ma bonne humeur va durer encore ben longtemps, fait que... veux-tu, m'a t'donner un conseil... disparais.

MIKE

Oui, mais...

BEN

Non, non, pas de «Mais»...

MIKE

Si j'pouvais...

BEN

Pas de «Si» non plus. Arrête avec les «Mais», les «Si»...

Sonnerie de la porte d'entrée.

MIKE

C'que j'veux te dire c'est...

BEN

(se dirigeant vers la sortie) Assez, kid! C'est fini.

MIKE

J'veux juste te dire une dernière chose. Une dernière.

BEN

Y'a rien que... *(sonnerie)* Ok! Ok! J'm'en viens! *(à Mike)* J'sais pas c'que tu pourrais m'sortir... *(sonnerie)* Ok! J'suis là! J'arrive! *(à Mike en sortant)* Pis quand je r'viens, tu disparais.

Longue sonnerie. Les téléviseurs se rallument. Gros plans du revolver.

Afficheur

«JE NE SAVAIS PAS CE QUE J'ALLAIS LUI DIRE, MAIS J'ÉTAIS DÉCIDÉ QUE JE NE SORTAIS PAS DE LÀ SANS LE GUN.»

> *TV: Montage de plusieurs courtes séquences de Mike en train de «jouer» avec le revolver. Chaque séquence peut être reprise plusieurs fois comme s'il la répétait.*

Séquence 1

Eh toé, tu t'souviens-tu d'moi? Au début d'la semaine dans l'métro? *(sort le revolver)* Envoye, mets-toi à genoux, pis d'mande pardon. Tu-suite, man! tu-suite!

Séquence 2

Tu vois-tu ça? Tu l'vois-tu? Sais-tu c'que ça veut dire ça? Ça veut dire que tu t'tasses de mon chemin, man. Tu te tasses de mon chemin quand j'passe!

Séquence 3

Non, non, non, c'est fini ça, c'est fini... *(sortant le revolver)* À partir de maintenant, c'est moi qui mène! C'est moi! Tu m'dis pus quoi faire, pus jamais!

Séquence 4

Envoye, ris d'moi comme t'as fait' l'autre fois... ris d'moi... T'as pus envie là, hein? Tu le r'feras pas non plus, hein?

Séquence 5

J't'ai assez écouté. Assez. *(sortant le revolver)* Là, tu vas t'asseoir, pis tu vas t'fermer la trappe, parce que c'est moi qui a l'gros bout' du bâton. Tu veux pas? Tu veux pas? PAF! L'autre genou peut-être? Veux-tu que j'te fasse l'autre genou? Hein?

Séquence 6

Ça change tout' ça, hein? Hein? Tout'! Hein, Babe? Hein, Babe? Vous riez pus là, hein? On rit pus du kid là, hein? HEIN, BABE? HEIN, BABE?

> *Au cours du montage vidéo, Mike s'est approché du bureau et du revolver. Quand il le ramasse, le son des téléviseurs s'éteint.*

MIKE

Demande pardon. Demande pardon pour tout c'que tu m'as fait'.

> *Plusieurs coups de sonnette. Les téléviseurs s'éteignent.*

CRACKED

(off) Trick or Treat!! Trick or Treat!

BEN

(off) Ah! Quel âge que t'as toé cou'don!?

CRACKED

(off) Halloween Apple, mon homme! Envoye! Sors ton stock ou t'sais comme... *(coups de sonnette)* Trick or treat! Trick or treat!

BEN

(off) Lâche! Lâche ça ok! Assez! *(Les sonneries cessent)* Où tu t'en vas de même?

CRACKED

(off) Party party, mon homme! C'est l'Halloween! J'ai une date avec une p'tite sorcière pour tantôt, pis aie aie aie! the ass on her, mon homme ouououou oui! Ça va

chauffer, tonight! Fait qu'envoye mon homme, let's go!
(coups de sonnette) Trick or treat!! Trick or treat!

BEN

(off) Ok! OK!! Tu vas réveiller mon père! Rentre!

> *Les sonneries cessent. Mike remet le revolver à sa place.*
> *Cracked arrive sur scène. Il porte un masque de*
> *Dracula. Il est suivi par Ben. Aussitôt on entend des*
> *coups qui viennent de l'appartement à l'étage.*

Bon! J'savais. *(en polonais)* Tato, przestań walić.
Zadwoń do mnię. [Papa, arrête avec les coups de balai!
Sers-toi du téléphone! Du téléphone!] *(en français)*
Bon, tu vois c'que t'as fait'.

CRACKED

Y'est pas tard.

BEN

C't'un homme malade. J'te l'ai déjà expliqué, passé neuf
heures tu cognes. C'tu trop demander, tabarnak? Faut-tu
toujours que j't'explique les affaires comme cinq fois
avant que ça rentre?

CRACKED

J'le ferai pus.

> *Coups venant de l'étage.*

BEN

Là, y'est tout énervé pour son magasin. Je r'viens.

> *Ben sort. Pause.*

CRACKED

Eh.

MIKE

Eh.

> *Pause.*

165

CRACKED
Ça sera pas long. I'm in, I'm out. C'est cool?

MIKE
C'est cool.

> *Courte pause. Cracked s'approche du bureau, enlève son masque, voit le revolver, puis vole un perogie de l'assiette de Ben.*

CRACKED
T'es un client?

MIKE
Hein?

CRACKED
Un client?

MIKE
Euh...

CRACKED
J'veux dire, t'es ici pour acheter?

MIKE
Ouain, pour acheter.

CRACKED
Juste acheter?

MIKE
C'est ça, juste acheter.

CRACKED
Y t'a pas demandé d'y faire un service? Livrer une tv ou...?

MIKE
Non, non.

CRACKED

Ou aller chercher une tv?

MIKE

Non, non.

CRACKED

T'es un client?

MIKE

Un client.

CRACKED

Juste un client?

MIKE

Juste un client.

CRACKED

Cool.

> *Pause. Cracked vole un autre perogie de l'assiette de Ben.*

Pis moé, j'ai comme interrompu les comme négociations, c'est ça?

MIKE

Ben...

CRACKED

Comme j't'ai dit, pas long, Babe. J'fais ma p'tite affaire avec Ben. Deux, trois minutes, max. Zing, zing! J'pus là, Babe. I'm gone. I'm outta here.

> *Courte pause.*

J'ai un party qui m'attend.

MIKE

Gros party?

CRACKED

Mets-en.

MIKE
Mega?

CRACKED
Mega hot, Babe. Mega fuckin' hot...

MIKE
Cool.

Courte pause.

CRACKED
(en indiquant le revolver) Fait que le joujou, c'est pour toé?

MIKE
Ça dépend.

CRACKED
Dépend...?

MIKE
Si y s'décide à me l'vendre. Y dit que j'suis trop jeune.

CRACKED
L'âge, ça rien à voir avec a'rien ça.

MIKE
Peut-être dans son temps, y'avait pas besoin de ça, mais aujourd'hui...?

CRACKED
Pus pareil!

MIKE
Tu l'sais...

CRACKED
Ououou trop, Babe! Je l'sais trop c'que tu dis!

MIKE
C'est heavy partout.

CRACKED

Partout. Tout l'temps. C't'un monde dangereux. On sait jamais qui on va rencontrer. On sait jamais, right?

MIKE

On sait jamais.

CRACKED

On sait jamais. On sait pus. Y'a des capotés partout. T'es dans un club, un bar, j'sais pas, tout s'passe comme ça devrait, smooth, pas d'accros, good times, yenque des bonnes vibes... D'un coup quelqu'un, un Joe Blow Monsieur Muscle décide de jouer les gros bras, faire son smatte, épater la galerie, who knows? Ça arrive souvent, de plus en plus souvent.

MIKE

Trop souvent.

CRACKED

Trop souvent is right. C'est triste mais c'est ça. *(en prenant le revolver)* Maintenant si t'as un joujou, pis Monsieur Joe Blow fait son smatte, tu l'sors. Eh Joe Blow, chill! Take a hike! Va jouer dans l'traffic!

MIKE

Un gars faut qu'y s'défende.

CRACKED

Faut qu'y s'défende, certain.

MIKE

Parce que ça serait juste pour me défendre...

CRACKED

Ben oui.

MIKE

Pas pour écœurer ou...

CRACKED

Ben non. Pour te défendre.

MIKE

Pour me défendre.

CRACKED

Ben te l'vendrait...?

MIKE

Cent cinquante.

CRACKED

Cool.

> Cracked remet le revolver à sa place. Pause.

MIKE

Mais y dit que j'suis trop jeune.

> Pause.

CRACKED

(volant un autre perogie) Veux-tu j'y parle? Moé pis Ben *(se croisant les doigts),* on est de même. M'a y parler pour toé.

MIKE

Oui?

CRACKED

Pourquoi pas?

MIKE

Merci.

CRACKED

Des fois faut savoir le prendre, mon Ben. Y peut être touchy. Là, y'est un peu d'travers, un peu weird, rapport à son vieux en haut qu'y'est malade — t'as vu comment y m'a parlé tantôt, normalement y m'parle pas d'même

— rapport aussi à une histoire qui s'est passée c't'été. Un de ses bons chums s'est fait piquer.

MIKE

Piquer?

CRACKED

Un six pouces dans l'foie. J'sais pas c'tait quoi la gimmick exactement, si y devait d'l'argent ou/ Entéka Ben l'a mal pris. Tout c'que j'sais c'est qu'y peut rien faire, le gars qui l'a piqué, y'est protégé.

Cracked vole encore un perogie. Ben revient.

BEN

Tu fais quoi, là? Tu manges mes perogies?

CRACKED

(déposant l'assiette) S'cuse, j'avais faim.

BEN

C'est mon souper.

CRACKED

C'est frette. J'pensais que t'avais fini.

BEN

Ben, j'avais pas fini. Pis de toute façon, fini pas fini, tu manges pas les perogies d'un autre sans y demander sa permission. Ça s'fait pas.

CRACKED

J'en ai pris deux, y'a rien là.

BEN

Les rats font ça, voler la nourriture d'un autre.

CRACKED

J'ai pas volé...

BEN

Quoi? Tu m'les as empruntés pis tu vas me les remettre?

CRACKED

Deux p'tits perogies! Tu vas pas capoter à cause de...

BEN

Cracked!

CRACKED

de, de, de, deux p'tit's perogies...

BEN

Cracked!

CRACKED

qui traînent dans l'fond d'une assiette...

BEN

C'est manquer de respect!

Courte pause.

CRACKED

On peut-tu s'occuper de mon affaire icitte là?

BEN

Attends, faut que j'y remonte ses pilules.

Ben se met à chercher sur son bureau, puis aperçoit Mike.

J't'ai pas dit de disparaître, toé kid?

CRACKED

Écoute Ben, j'veux y aller moé, on peut-tu, t'sais... J'ai une paire de fesses d'une p'tite sorcière en minijupe qui faut que j'aille mordre là moé là, t'sais...

Courte pause.

BEN

T'as livré les tv?

172

CRACKED

No problemo, man.

BEN

Tu m'avais dit que t'allais passer c't'après-midi.

CRACKED

Tu t'inquiètes pour moé?

BEN

Ouain, j'en dors pas la nuit. Où t'étais?

> *Durant ce qui suit, Ben cherche une clef dans une de*
> *ses poches et s'en sert pour ouvrir un tiroir de classeur.*

CRACKED

J't'allé voir ma mère.

BEN

Pis...?

CRACKED

C'pas terrible.

BEN

A' sait toujours pas t'es qui?

CRACKED

Des fois. Pas souvent. Ça vient, ça part.

BEN

Tu devrais pas y aller. Tu l'sais c'que ça t'fait.

CRACKED

C'est ma mère.

BEN

Je l'sais que c'est ta mère mais chaque fois tu sors de là
t'es tout croche pour une semaine.

CRACKED

Je l'sais. Mais t'sais, fuck man, there's like fuckin'

zombies all over the fuckin' place. C'est comme l'Halloween à l'année longue là-d'dans, man. Y'a des débiles partout, dains corridors, dains salles, j'veux dire... *(à Mike)* Ma mère est pas si pire que ça. *(à Ben)* Hein, Ben, ma mère est pas si pire que ça?

BEN

Non, non...

CRACKED

Est pas ben, je l'sais, mais...

> *Ben ouvre le classeur et en sort un petit sac.*

(à Mike) Y l'attachent, those sonuvabitches.

MIKE

Y l'attachent?

CRACKED

Ouain. L'attachent au lit avec des espèces de grosses ceintures en vieux cuir, those motherfuckers.

BEN

Y'ont encore le droit de faire ça?

CRACKED

Ça l'air. Quand a' fait ses crises, quand a' pogne les nerfs, t'sais.

> *Ben lui remet le petit sac qu'il a sorti du classeur. Puis il referme rapidement le classeur avant que Cracked puisse voir ce qu'il y a à l'intérieur.*

'Garde Ben, j'ai une idée. Sais-tu quoi, Ben? J'aimerais la sortir, l'amener faire un tour.

BEN

Y'a laissent sortir?

CRACKED

Non, mais je l'ferais pareil. *(à Mike)* Pis j'aimerais ça les

voir essayer de m'arrêter, those shit-head fucks. I'd
fuckin' do'em. Do'em good, fuck... *(à Ben)* Si j'veux
sortir avec ma mère, j'sors avec ma mère, that's it that's
all, fuck 'em.

> *Durant ce qui suit, Ben place son assiette de perogies
> dans un micro-ondes, puis se remet à chercher les
> pilules.*

BEN

Où tu veux l'amener?

CRACKED

Chez Eaton's. A' toujours aimé s'promener d'un comptoir
de parfum à un autre. *(à Mike)* T'sais, pour les, les, les...

MIKE

Les échantillons?

CRACKED

Ouain, les chantillons. Les p'tits chantillons, t'sais. A'
sortait de là des fois Ouou Ouash Ayoye! mais a' l'aimait
ça. A' s'prenait pour une vedette, une riche de
Westmount, j'sais pas. *(à Ben)* Mais t'sais pour aller
magasiner y m'faudrait un peu d'argent, right? Pour que
j'puisse, t'sais, y'acheter queque chose, comme une
bouteille de parfum à elle, ok. J'te l'dis, avec ça, a' serait
aux p'tits oiseaux, a' flotterait, man. Comme si elle avait
son parfum à elle... Ouououi a' capoterait!

> *Ben a trouvé les pilules. Il vient pour sortir. Cracked
> l'intercepte.*

Fait que 'garde, à soir-là, c't'un party, gros party! Mega,
man. Mega party! Paraît que c'est des acteurs, des j'sais
pas quoi d'la tv, des sautés, en tout cas ça qu'a' m'dit
ma p'tite sorcière. Ça s'passe dans un loft, genre de trip,
tu vois l'genre de trip? L'affaire c'est que j'suis sûr que
j'pourrais vendre au max là-d'dans moé Ben, au max!
Peut-être pour mille cinq, deux mille, j'suis sûr/

BEN

Non, non, non...

CRACKED

que j'pourrais faire une passe là. Y vont être comme
deux cents/

BEN

Non, non, non...

CRACKED

su'l'gros party! Tu m'avances, t'as ton cut demain. Au
plus tard demain midi si tu veux/

BEN

Non. De toute façon, j'ai pas c'qu'y t'faut.

CRACKED

(indiquant le classeur) Pis c'que t'as là?

BEN

(jetant un coup d'œil vers Mike) J'ai pas c'qu'y t'faut.

CRACKED

Mais Ben, mon homme...

BEN

Même si je l'avais... Non.

> *Courte pause. Puis, plus bas comme s'ils ne voulaient
> pas que Mike entende.*

CRACKED

Pis Dutrissac?

BEN

Quoi, Dutrissac?

CRACKED

Y t'respecte, Dutrissac. Un bon mot de toé...

BEN

Y m'respecte parce que j'y fais pas de passe croche.

CRACKED

C'pas une passe/

BEN

Tu veux qu'y t'fronte pour... quoi? six, sept cents?

CRACKED

Un bon mot de toé...

BEN

...sur ma parole? Quand j'sais que la moitié va finir dans ton nez?

CRACKED

Si tu veux m'passer le cash, j'te l'dis demain midi...

BEN

J'pas intéressé.

CRACKED

Demain midi, t'as fait'/

BEN

J'pas intéressé!

> *Pause.*

CRACKED

T'es pas cool, Ben. T'es pas cool. Shit! Que c'est que t'as à soir? Tu veux rien savoir de moé, paraît que tu veux rien savoir de lui, non plus.

BEN

Lui? Lui avec, y veut j'y donne des affaires pour ses beaux yeux. Y'a pas de deal avec lui, y'a pas d'cash.

> *Courte pause.*

Vous voulez qu'on vous donne des affaires gratis, les gars, passez-vous l'masque pis sonnez aux portes. C'est l'soir pour ça, vous êtes chanceux, c'est l'Halloween.

Ben sort.

CRACKED
Tu m'avais pas dit ça?

MIKE
Non, mais...

CRACKED
Tu veux j'y parle, mais t'as pas d'argent? J'suis très déçu, Babe. Très déçu. J'pensais qu'on, t'sais comme, avait connecté tantôt, qu'on était sur la même longueur d'onde.

MIKE
J'voulais te l'dire.

CRACKED
«Voulais, voulais...»

MIKE
J'allais te l'dire.

CRACKED
Là c'est clair. J'comprenais pas que Ben soit si t'sais... mais là, c'est clair. Fuck, on s'connaît depuis que j'suis ça d'haut. D'habitude, lui pis moé, on wheel, on deal, zing! zing! on connecte.

Courte pause. Puis hurlé.

SHIT!

Pause. Cracked ouvre son paquet et se prépare deux lignes. Puis calme.

C'est d'ta faute si j'me fais pas une passe d'argent à soir, tu l'vois-tu ça?

178

MIKE

Non, pas vraiment.

CRACKED

(menaçant) Moé, oui. Moé, c'est d'même que j'vois ça.
J'viens de perdre queques centaines de piasses à cause
de toi.

MIKE

J'ai rien à voir avec ça.

Cracked fait sa première ligne.

CRACKED

Tu m'dois.

MIKE

J'ai rien fait'.

CRACKED

T'as pas joué straight. Faut toujours jouer straight. Tu
joues pas straight, comment tu peux t'attendre à c'que
les autres jouzent straight avec toé?

MIKE

J'ai joué straight, j'ai rien caché.

CRACKED

T'avais pas les cent cinquante.

MIKE

J'y ai dit ça. J'l'ai pas caché...

CRACKED

T'avais pas l'argent.

MIKE

Non, mais j'vas l'avoir. C'est ça que j'y ai proposé. J'y ai
fait' une proposition honnête.

CRACKED

Tu y'as dit que t'allais l'avoir?

179

MIKE

J'vas l'avoir.

CRACKED

Quand?

MIKE

Bientôt.

CRACKED

Que c'est-tu vas faire, voler une banque?

MIKE

Non, un dépanneur.

CRACKED

Ha! Un dépanneur? Ha!

MIKE

Ok. Ris si tu veux, mais moi j'te dis que j'connais une place pis que j'sais que ça s'fait de même *(en claquant des doigts).*

CRACKED

(en claquant des doigts) De même?

MIKE

(même jeu) De même.

> *Cracked fait sa deuxième ligne.*

C'est pas n'importe où, n'importe quel dépanneur. Non, non, non. J'ai checké la place, pis plus' qu'un soir. Avec un gun, no problemo.

CRACKED

Ô! Écoute-lé... «no problemo». *(rire)* Un p'tit hot shot, hein? Tu t'prends pour qui dans ta tête, Babe, quand t'es couché dans ton lit le soir? Al Capone? Jesse James?

MIKE

J'me prends pour personne, j'fais juste te dire que

j'connais la place comme y faut pis que c'est un p'tit
vieux qui tient ça qui...

CRACKED

Ô! Attention! Attention! Les p'tits vieux des fois c'est les
pires. Fais attention aux p'tits vieux. Y'ont toujours des
battes de baseball de cachés sous l'comptoir. Tu
t'approches trop, tu t'penches pour te rendre au cash pis
badang! y t'ouvrent le crâne de bord en bord. Ouaron,
c'est ça qui y'est arrivé à Ouaron, un gars que j'connais.
Parles-en à Ouaron des p'tits vieux. Trente-cinq points de
suture. Y s'est réveillé une semaine après. Y'a eu sa
photo dans l'journal, par exemple.

MIKE

Ça sera pas comme ça. Ça va être facile. Le vieux a pas
d'batte de baseball, y'a pas d'alarme, y'a pas d'caméra,
y'a rien. Facile.

Courte pause.

CRACKED

Combien tu penses faire, tu fais ton vieux pis son
dépanneur?

MIKE

J'sais pas. *(réaction de Cracked)* Assez, en tout cas!

CRACKED

Quoi? Cent, deux cents?

MIKE

Non, non, plus'. Peut-être cinq, peut-être six.

CRACKED

Six cents?

MIKE

En tout cas au moins quatre. Les soirs de semaine, c't'au
moins quatre. À onze heures juste avant qu'y ferme,

181

c't'au moins! au moins quatre.

CRACKED

Pis en fin de semaine?

MIKE

Cinq, facile. Même que moi, j'dirais plus' six. Pis si c'est un soir spécial, comme à soir c'est l'Halloween, ok, j'dirais plus' sept ou huit.

CRACKED

T'as l'air de connaître ton affaire. J'aime ça, c'est bon.

Courte pause.

À onze heures? Ok, on l'fait. On s'trouve un autre masque, on s'rend là-bas, on attend qu'y soit tu-seul. Moé, j'm'occupe du vieux, du cash. Toé, tu t'occupes de la porte. On rentre, on sort. Deux minutes, trois, top.

MIKE

À soir?

CRACKED

Tu-suite.

MIKE

Wo! J'sais pas, je...

CRACKED

C'est quoi ton nom, encore?

MIKE

Mike.

CRACKED

Mike, Babe! Stay cool, suis-moé, tu vas apprendre. *(en claquant des doigts)* C'est toé qui m'a dit que ça s'fait de même, right? C'est toé qui m'a dit «No problemo», right?

Courte pause.

MIKE

Pis l'gun?

CRACKED

Ah! Ça, c'est l'deal, Mike. Ya, Babe! *(en sortant de
l'argent de sa poche et en se mettant à compter)* Toé,
c'que tu veux c'est ton péteux. J't'avance les bidous, on
fait l'coup. T'as c'que tu veux, moé j'garde c'qu'on
prend du vieux.

MIKE

Tout'?

CRACKED

Tout'!

MIKE

Même si c'est cinq, sept cents?

CRACKED

Même si. 'Garde, j'me vide les poches là, tu vois-tu? Y
va m'rester comme six piasses pis trente queques sous,
tu vois-tu? À mon nom! En tout cas, jusqu'à c'que mon
chèque y rentre dans deux semaines. J'prends un risque
là, moé là. Veux dire, j'ai pus ça, j'mange pas pour deux
semaines. J'vas m'ramasser en train de faire les vidanges
en arrière du Burger King comme j'ai déjà fait', t'sais. Au
niveau du cash, j'les prends tout' les risques! *(criant vers
la sortie de Ben)* Eh Ben! Ben, mon homme!

MIKE

C'est pas juste que tu prennes tout'...

CRACKED

C'est comme... l'intérêt sur un prêt.

MIKE

Oui, mais comme à du cent pour cent par jour!

CRACKED

On sait pas si c'est du cent pour cent parce qu'on sait pas si on sort avec six cents ou deux cent cinquante ou trente sous. Toé, tu m'dis ça mais je l'sais-tu, moé? J'prends le risque. *(criant)* Eh Ben!

MIKE

Oui, mais quand même...

CRACKED

Ok, ok, peut-être c'pas l'meilleur deal que tu peux avoir en ville, mais c'est celui que j'te propose. T'as-tu l'choix? J'pense pas! Mais! Mais, peut-être tu l'veux pas l'gun, peut-être c'est pas si important que ça pour toé.

MIKE

Non, c't'important.

CRACKED

C'est pour ça que t'es icitte?

MIKE

Oui.

CRACKED

Ok! Mike, Babe! Dans moins d'une heure, t'as c'que t'as voulu.

Cracked lui lance son masque de Dracula.

What more do you want?

Courte pause.

Afficheur

«TOUT SE PASSAIT VITE. TRÈS VITE.»

CRACKED

À moins que t'as tout' inventé pis que ton dépanneur/

MIKE

J'ai rien inventé!

CRACKED

c'est rien qu'un trip que tu/

MIKE

Non, non, non...

CRACKED

m'as conté pour m'en faire accroire!

MIKE

Tu veux l'faire, on l'fait!

CRACKED

Ok!

MIKE

(En mettant le masque dans une de ses poches.) Ok.

CRACKED

Oui!

>   *Cracked sort vers la porte d'entrée.*

MIKE

Où tu vas?

Afficheur

«TOUT SE PASSAIT VITE. JE SAVAIS MÊME PAS SON
NOM. JE SAIS TOUJOURS PAS SON NOM. C'EST QUOI
SON NOM?»

CRACKED (off)

C'est pas loin où on va, hein? C'est pas comme à l'autre
bout' d'la ville?

MIKE

Non, non...

Afficheur

«NON. J'LE CONNAISSAIS PAS. J'L'AVAIS JAMAIS VU DE
MA VIE.»

CRACKED *(off)*

C'est pas à côté non plus, hein? Parce qu'à côté... J'fais pas à côté, trop près c'est pas bon, non plus.

Sonneries de porte, puis Cracked revient.

MIKE

C'est à l'Est d'icitte. Cinq stations de métro.

CRACKED

Parfait. Parce que j'avais dit à fille vers minuit fait que... *(pour lui-même)* Ok, think it out, man. Think it the fuck out. Ça m'laisse pas une tonne de temps mais j'ai l'adresse du party de toute façon pis avec du cash ça s'trouve, avec du cash tout' se trouve, tout' même dans rien qu'une heure. Ouain, pis là...

Ben revient.

BEN

C'est toé qui a sonné? Que c'est j't'avais dit? Tu fais-tu exprès?

CRACKED

(indiquant l'argent) J'prends le gun. Compte. Tout est là.

Pause.

BEN

Bon, j'veux que les deux là, que vous clairez la place.

CRACKED

C'est quoi, ton problème?

BEN

Moi, j'ai pas d'problème.

CRACKED

Quoi? Y'est pas bon mon cent cinquante? *(à Mike)* Y voulait pas te l'vendre à cent cinquante?

MIKE

Oui.

CRACKED

Bon.

BEN

C'est pas à lui!

CRACKED

Pis? *(courte pause)* On fait des affaires icitte. Straight-up, cash, pas d'crédit, d'avance, rien de compliqué. Achat-vente. Comptant. Comme t'aimes. Comme au Jean Coutu du coin. Pas d'histoires.

BEN

Y'a quinze ans!

CRACKED

C'est pas à lui que tu vends, c't'à moé.

BEN

Mais toé, tu...

CRACKED

Ben, Ben, Ben, un gars te vend — j'devrais pas être obligé de t'expliquer ça — y t'vend une tv, y'a-tu d'affaire à te dire quel poste écouter?!

> Pause.

BEN

(à Mike) Y t'a demandé de faire quoi en échange?

MIKE

Rien. Y m'a rien demandé. J'y remets tantôt, c'est tout'.

BEN

Tantôt?

CRACKED

Avec intérêt. J'le fais pas pour ses beaux yeux, j'le fais pour l'intérêt. I'm just tryin' to make a buck, here, Ben, just tryin' to make a buck...

BEN

Tantôt?

MIKE

Tantôt! Tantôt tu-suite.

BEN

Tu-suite après le dépanneur.

MIKE

Oui.

Réaction de Cracked.

BEN

Fâche-toé pas, y m'en a parlé de son dépanneur. Y t'avait pas dit qu'y m'avait parlé de son dépanneur?

CRACKED

Non.

BEN

Ouain, y m'a tout' conté... Le dépanneur de l'oncle de sa blonde où y s'tient.

MIKE

C'est pas ma blonde, c'est juste une fille que j'connais.

BEN

C'est vrai. J'avais oublié. S'cuse. Le dépanneur de l'oncle d'une fille qu'y connaît où y s'tient.

Courte pause.

CRACKED

Ouououou shit!

BEN

Ah! Ça non plus y te l'avait pas dit?

CRACKED

Shit!

MIKE

Son oncle m'a juste vu une, peut-être deux fois.

CRACKED

Mike, Babe, tu joues pas straight, tu joues pas straight.

MIKE

J'vas porter un masque. Un masque qui r'couvre/

CRACKED

(hurlé) SHIT!

BEN

(à Mike) Disparais.

CRACKED

Non!

BEN

Laisse-lé partir. Oublie ça.

CRACKED

Non! Fuck...

MIKE

Avec un masque, le vieux me reconnaîtra pas.

BEN

Masque, pas masque, c'est trop risqué.

> Courte pause.

CRACKED

On l'fait.

BEN

C'est trop risqué!

189

CRACKED

Mon risque, Ben. Mon risque. Ma décision.

Courte pause. Ben ramasse le revolver.

J'ai pas à te demander la permission, moé là.

BEN

C'est pas ça, j'te dis. C't'un conseil.

CRACKED

Pis c't'un bon conseil. J'l'ai entendu. C'est enregistré. Mais c'est quand même ma décision, ma/ Pis y'a des limites, Ben, à toé en train de m'dire quoi j'peux faire, quoi j'peux pas faire.

BEN

Tu trouves que j'te dis trop quoi faire?

CRACKED

Des fois.

Courte pause.

BEN

T'es content d'toé, hein, kid?

MIKE

Quoi?

BEN

T'es un p'tit câlisse, tu l'sais-tu ça?

CRACKED

Come on, Ben. Come on...

BEN

(à Cracked) Peut-être j'fais ça pour toé, pour ton bien. As-tu pensé à ça?

CRACKED

J'vois pas.

BEN

Peut-être j'ai pas envie de t'voir, t'sais... Parce que tu fais confiance à n'importe qui, à quelqu'un qui connaît rien de rien, qui portait des couches ça fait pas si longtemps que ça...

MIKE

Eh!

BEN

Non, non, qui r'gardait encore les cartoons du samedi matin avec un bol de rice krispies l'année passée, j'sais pas moé...

MIKE

Voyons...

BEN

Non, non. «Voyons, Voyons»! Pas de «Voyons»! *(à Cracked)* C'que j'dis, c'que j't'explique c'est tu l'connais pas. Tu vas aller faire une jobbe avec quelqu'un tu connais pas, qui pourrait très bien te chier dains mains si queque chose va pas comme ça devrait aller.

MIKE

Y'a rien qui va/

BEN

Y'a mille affaires qui peuvent arriver. Mille! Tu l'sais, t'es pas né hier, t'as de l'expérience. Tu l'sais ça va pas toujours comme c'est s'posé. Un imprévu! Y'a toujours — hein? j'ai raison, j'ai pas raison? — y'a toujours un imprévu.

CRACKED

Pas toujours.

BEN

Ok, souvent. Peut-être c'te fois-citte c't'une des fois. Un char de police s'arrête en avant, lui, y réagit mal, j'sais pas, y panique...

191

MIKE

J'paniquerai pas.

BEN

...Y sort en courant, te laisse là. T'as l'air de quoi?

MIKE

J'paniquerai pas!

BEN

Là, c'facile dire ça. Tout l'monde peut dire ça. Jouer au tough guy, y'a rien là quand on fait yenque parler. Mais quand t'es là, quand ça s'passe dans vraie vie... *(à Cracked)* J'ai raison, j'ai pas raison?

Courte pause.

CRACKED

(en indiquant l'argent) Compte. C'est tout' là.

Courte pause.

MIKE

Tout'. Les cent cinquante.

Courte pause.

BEN

Avoue au moins que j't'ai fait penser un peu, pis que t'aimerais savoir d'avance si l'kid va t'laisser tomber si ça tourne au vinaigre.

CRACKED

Ok, j'l'avoue. Mais t'sais... d'avance? Comment qu'on peut savoir c'qu'un kid va faire d'avance?

Ben ouvre un tiroir, va chercher une balle pour le revolver.

BEN

Eh kid, aimes-tu ça les jeux?

MIKE

Hein?

BEN

Des jeux? Jouer des jeux?

MIKE

Tu parles de comme...

BEN

(en plaçant la balle) Mon homme icitte sait de quoi que j'parle, hein mon homme? Lui c't'un vrai. Ça icitte c't'un joueur. *(en faisant tourner le barillet)* Et roule, et roule, et roule...

CRACKED

I love it.

BEN

Vous jouez, j'vous l'vends.

CRACKED

I love it.

MIKE

À roulette russe?!

BEN

Polonaise.

CRACKED

Connais ça?

MIKE

Non.

CRACKED

Check ça.

BEN

Une balle. Six chances. Comme à roulette russe. Sauf...

CRACKED
Sauf...

BEN
Sauf on est quand même un peu moins fous que les tabarnak de Russes, on est pas là pour se blower la tête en mille morceaux...

CRACKED
Non...

BEN
On veut voir c'que t'as dans l'ventre.

CRACKED
Tu m'dis que tu paniqueras pas...

BEN
Mais t'sais, parler comme un dur qui a peur de rien, ça peut impressionner des p'tites filles dans cour d'école, pis des mauviettes qui sont jamais sorties d'chez-elles après dix heures du soir mais icitte avec nous aut'es...

CRACKED
Ça vaut c'que ça vaut...

BEN
Pas l'yable.

CRACKED
J'ai besoin d'une preuve... besoin d'une preuve.

BEN
Le jeu c'est j'roule, un des deux prend l'gun, vise la main de l'autre pis c'est Click ou Bang!

Courte pause.

CRACKED
I love it. I fuckin' love it.

194

Pause.

MIKE

Vous êtes pas sérieux?

Pause.

C't'une farce.

Courte pause.

(à Cracked) Pourquoi tu jouerais toi? T'as rien à gagner.

BEN

Y joue parce que j'y demande de jouer, parce qu'y sait que j'fais pas confiance à ceux qui r'fusent.

CRACKED

Y m'fait confiance, I'm in. Hein, Ben, I'm in?

BEN

J't'en devrai une, mettons-lé de même.

CRACKED

Comme pour à soir, pour Dutrissac...

BEN

C'est moé qui décide c'que j'te dois. Commence pas à...

CRACKED

Non mais...

BEN

On verra.

CRACKED

Non mais...

BEN

Peut-être, peut-être... De toute façon, y l'fera pas. 'Garde-lé.

Courte pause.

195

CRACKED

Y pense, c'est toute. C'est normal, y'a l'droit. Un gars qui dirait Oui tu-suite, tu te d'manderais Que c'est qu'y'a dans tête? Y'a l'droit. Donne-z-y un peu d'temps. Faut qu'y pèse ci, ça, les odds, c'qu'y peut perdre, c'qu'y peut gagner.

Courte pause.

MIKE

On oublie ça, ok?

BEN

Que c'est j't'ai dit? Je l'savais qu'y l'ferait pas.

Mike fait un geste vers la sortie. Cracked vient le rejoindre.

MIKE

Quoi?

CRACKED

Wo! J'me suis avancé. Tu m'as fait' des accroires là, toé là. Big man, gros projets, Jesse James, «no problemo»! Là, là, tout' ça c'est effacé? C'tu ça qui s'passe? C'tu ça qui s'passe, Jesse James?

MIKE

C'qui s'passe, c'est que j'sors. C'est ça qui s'passe.

Courte pause.

CRACKED

Ok. Ça que tu veux, ça que tu fais. La porte est là. Go, Babe. Get the fuck outta here. R'tourne d'où tu viens. R'tourne où t'étais. J'sais pas pourquoi t'es venu, j'sais pas c'qui t'attend l'autre bord d'la porte, c'qui t'attend su'l'trottoir, mais r'tournes-y.

Courte pause.

196

MIKE

J'peux aller m'en acheter un autre ailleurs sans passer par votre histoire de fou, votre test ou...

CRACKED

C'est pas ça qui s'passe, Babe! Certain que tu peux aller ailleurs. Trouve ton motton, ton cash. Une fois que tu l'as, les deals sont là, t'attendent, boum, boum, boum, t'as un péteux qui pète... Mais c'pas ça qui s'passe. That's not what's goin' down here.

MIKE

Quoi? Que j'pas comme un homme! un vrai! parce que j'veux pas me r'trouver avec un trou dans main? Que j't'une tapette parce que...

> Mike fait un geste pour sortir, Cracked se place entre lui et la sortie.

CRACKED

You know what's goin' down, man. You know what the fuck is goin' down, man. Ça rien à voir avec homme ou pas, mais ça tout' à voir avec qui tu penses que t'es, Babe. Qui tu dis que t'es, Babe. Qui tu m'as dit que t'étais, Babe. Tantôt, juste là. «Prêt' à tout, solide, paniquera pas, pas un pissou». Soit que c'est vrai, soit que c'est de la bullshit. Soit que tu m'dis vrai, soit que tu me dis n'importe quoi. C'qui s'passe, Babe, what's goin' down is a fuckin' reality check. T'es lui ou lui? Tu peux pas être les deux so what's the word, my man? T'es qui? Ça c'est c'qu'on va voir, c'qu'on va savoir, tu-suite, right now, icitte. Fini la bullshit! Parce que, Babe, c'est l'temps que t'arrêtes de branler dans l'manche et que tu te branches. Que tu saches, Babe! que toé, tu saches, Babe! lequel est lequel. T'es qui, Babe? T'es qui? Le gars qui a les guts de jouer dans vraie vie avec le vrai monde, ou celui qui va s'en r'tourner dans sa chambre à soir jouer au Nintendo, au Killer Combat avec des p'tits bonshommes en cartoons pour oublier c'qui l'attend l'autre bord d'la porte sur le trottoir?

That's what the fuck is goin' down, Jesse James!

Courte pause.

BEN

Laisse-lé sortir.

CRACKED

Y veut pus. Y sait c'qui l'attend l'autre bord d'la porte sur le trottoir. Moé, j'le sais pas, Babe. Je l'sais pas, mais j'vas t'dire c'que j'sais. C'que j'sais c'est qu'c'est pas parti pis que ça partira pas tant que t'auras pas fait' ton move. Tant que t'auras pas fait' ton move, ça s'en ira pas, Babe. Pis tu l'oublieras pas, non plus, Babe. Tu l'oublieras pas, pourquoi? Parce que ça va te ronger par en-d'dans... par en-d'dans longtemps. 'Veux dire, tu peux dire Non, icitte, à faire ton move, mais la pro- chaine fois ça va être aussi dur sinon plus', ben plus'! Parce que chaque fois que tu recules, elle-là! l'affaire-là! elle-là! a' prend des forces. A' prend de plus en plus de forces. De plus en plus de place en-d'dans de toé... 'CAUSE SHE'S A FUCKIN' MONSTER, MAN, a fuckin' lifesuckin' motherfuckin' monster!

Tu l'sais de quoi que j'parle.

Pause.

BEN

Fait que tu joues ou tu sors?

CRACKED

Make the move, Babe. Make the move, Jesse James.

Courte pause.

MIKE

(à Cracked) Si on joue, tu m'avances les cent cinquante...

CRACKED

Ben nous vend le gun...

BEN

Vous faites votre dépanneur à soir, tu y paies c'que tu y dois, t'as ton gun pis t'es aux p'tits oiseaux. Ça, ça c'est si tu t'ramasses pas à l'urgence.

> *Courte pause.*

MIKE

Roule.

BEN

Ou dans l'siège en arrière d'un char de police parce que l'oncle de ta blonde t'a reconnu.

MIKE

Roule.

BEN

Kid, écoute, t'es pas...

CRACKED

Y'a dit d'rouler, Ben.

> *Courte pause. Ben fait rouler le barillet du revolver devant eux.*

BEN

À vos places!

> *Cracked va chercher deux chaises, les place à quatre pieds de distance l'une de l'autre.*

CRACKED

À nos places! Ouououou Oui!

MIKE

Qui va en premier?

BEN

Premier qui tire ou qui s'fait tirer?

MIKE

Qui tire.

CRACKED

Tête ou queue. Ben flippe.

BEN

(indiquant Mike) Son choix.

CRACKED

Comment ça, son choix?

BEN

Toé, t'as déjà joué, pas lui.

CRACKED

Ça rien à voir, ça.

BEN

J'veux voir ça va être quoi son choix.

Courte pause.

CRACKED

Ok. Tu roules entre chaque coup?

BEN

(en faisant rouler le barillet) Ben oui. C'est ça l'jeu. Sans
ça, les odds baisseraient, ça serait pus juste. En roulant,
les odds restent pareils pour tout l'monde pour les deux
coups. Compris?

Courte pause.

CRACKED

Ok. *(à Mike)* Ton choix.

BEN

Grosse décision, kid. Grosse décision.

MIKE

Y'a-tu un truc?

200

BEN

Non, non, y'a pas d'truc! J'viens de l'expliquer. Les odds sont pareils à chaque coup. Ta décision c'est tu-suite ou t'à l'heure? Tu passes par le feu en premier ou t'aimes mieux attendre?

MIKE

Non, non, y'a un truc! Y'a un truc, ouain, ouain. Si j'tire en premier pis Paklow! la balle a' sort, j'ai un avantage, le jeu est fini, y'a pus d'balle.

CRACKED

On en r'met une autre.

MIKE

Une autre?

BEN

Si celui qui s'est fait tirer, peut tirer, veut tirer, y'a l'droit d'tirer.

CRACKED

On r'met une balle...

BEN

On r'commence. C'est ça l'jeu.

Pause.

CRACKED

Ok! Let's go! Le choix! Clenche!

Courte pause.

MIKE

Ok, le premier. M'a tirer le premier.

BEN

Le choix du pissou, j'le savais.

MIKE

Comment ça, pissou?

CRACKED
Pissou!

BEN
Un vrai tough guy fait face au pire tu-suite. *(à Cracked)*
J'ai raison, j'ai pas raison?

CRACKED
Pissou!

MIKE
Ok, donne-z-y l'gun.

BEN
Trop tard.

CRACKED
Roule, mon homme. Roule! Let's go!

MIKE
J'veux changer.

CRACKED
Trop tard pissou! Too late! T'as fait' ton choix, live with
it! *(Ben se met à rouler)* À moins que... Attends.

BEN
Quoi?

CRACKED
Check le flash! Check le flash! Tu veux changer?

MIKE
Oui.

CRACKED
J'accepte... Si si si on joue Quitte ou Double.

BEN
Complique pas la patente.

CRACKED

Quitte ou Double c'pas compliqué. Écoute ben: On change pis moé j'tire en premier. Bang! la balle sort, t'as un trou dans main, le jeu arrête..

MIKE

On en r'met pas une autre?

CRACKED

Non. MAIS... mais, check le flash: tu m'dois rien. J'paie le gun, le gun est à toé... Tu m'donnes l'adresse de ton dépanneur, par exemple.

MIKE

J'fais pas l'dépanneur?

CRACKED

Tu fais pas l'dépanneur.

MIKE

Pis j'te dois rien, j'te dois pas cent cinquante?

CRACKED

That's it! Bingo!... Maintenant... maintenant, la balle sort pas c't'à ton tour, sauf! lui roule pas après le premier coup.

BEN

J'roule pas, les chances baissent.

CRACKED

C'est pus un pour six, c'est un pour cinq. T'es d'dans?

MIKE

J'suis là.

CRACKED

Ok. Tu tires, Bang! la balle sort, c'est l'double Baby, le gun te coûte trois cents. *(courte pause)* T'es là? Tu m'as suivi?

MIKE

Oui... J'pense. Attends... Y'a rien qui change si l'gun
part pas? On fait le dépanneur pis...

CRACKED

C'est ça.

MIKE

Mais si y part quand tu m'tires...

CRACKED

T'es clair, t'as un gun pour rien.

MIKE

Si y part quand moi j'te tire...

CRACKED

Quitte ou Double. Faut que tu m'trouves trois cents.
Moé, j'pourrai pas faire le dépanneur fait que Quitte ou
Double. Trois cents.

BEN

T'as l'don d'toujours compliquer les patentes, toé,
chriss.

MIKE

Ok. *(à Ben)* Roule.

BEN

T'as tout compris ça?

MIKE

Vas-y, roule.

> *Ben fait rouler le barillet trois fois.*

BEN

Les jeux sont faits. Rien ne va plus. *(courte pause)* Oh,
attends minute. J'ai un kit de premiers soins dans mon
bureau. Au cas où... Bonne idée?

CRACKED

Bonne idée.

MIKE

Oui, oui... Bonne idée.

> *Pendant ce qui suit, Ben va chercher le kit dans un tiroir de son bureau, mais avant de revenir vers les joueurs, on le voit clairement tourner le barillet et placer la balle où il la veut.*

CRACKED

Ok. 'Garde. Celui qui tire s'met de même, à deux mains, le bras su'l'dossier. Comme ça on est su'a main, no problemo. On veut pas s'tirer dans l'bras ou ailleurs, right?

MIKE

Right.

CRACKED

L'autre se met de même. Lui aussi avec le bras d'collé cont' le dossier. Pour pas qu'y bouge.

BEN

Ok! En place...

> *Ils se placent. Ben vient pour remettre le revolver à Cracked.*

Dernière chance, kid. Tu veux t'sauver, sauve-toé.

> *Courte pause.*

MIKE

Donnes-y.

CRACKED

(prenant le revolver) Eh! M'a t'dire un truc, Babe. Pense à aut' chose.

MIKE

Comme...?

CRACKED

Comme wild, man! Queque chose de wild, de fou, de sauté. Queque chose que t'aimerais faire, que tu rêves de faire depuis longtemps.

Courte pause.

J'suis sûr que t'as vu queque chose dans ta tête quand j't'ai dit ça. Envoye crache, c'est quoi?

MIKE

Ça peut être n'importe quoi, même queque chose qui s'peut pas?

CRACKED

N'importe quoi, n'importe quoi...

Cracked se met à viser. Ben se plisse les yeux, se couvre les oreilles.

MIKE

Voler. Voler dains airs.

CRACKED

Ya! Voler? Voler c'est bon. Eh Ben! Voler, c'pas ça que t'as toujours voulu faire toé avec? Dans quoi, man? Un avion, un jet, un...

MIKE

Un jet. Oui. Un jet. Un chasseur. Un p'tit jet à une place qui monte dains air, qui rentre dains nuages... comme une flèche, pis... pis...

CRACKED

Ya! Wild! Vas-y! Go! Mister fighter pilot! Arrête pas, Babe.

MIKE

Pis...

CRACKED

Pis?

MIKE

Pis quand j'arrive l'autre bord des nuages...

CRACKED

C'est beau?

MIKE

(se plissant les yeux lui aussi) Oui, oui c'est beau! C'est ben beau!... Ouain ben... C'est ben/ Envoye tire! Tire! Arrête de niaiser pis tire!

>*CLICK.*

>*Courte pause. Mike lâche un cri, se lève, fait une petite danse de victoire.*

MIKE

OUI! YES! J'l'ai fait'! J'l'ai fait'! OUI!

CRACKED

(à Ben, bas) C'est quoi l'trip, man?

BEN

Son tour.

>*Cracked lève le revolver et le dirige vers Ben.*

CRACKED

Son tour?

BEN

(En prenant le revolver par le canon) Son tour.

>*Pause.*

CRACKED

(En laissant aller le revolver) Ok let's go!!! C'est pas fini. Assis-toé! On sait pas encore combien tu m'dois, ti-cul. Peut-être cent cinquante, peut-être trois cents. Let's do it!

MIKE

(à Ben) Tu roules pas?

CRACKED

Non, non y roule pas! Un pour cinq! Un pour cinq!
Here we go! Quitte ou Double!

Ils se placent. Ben remet le revolver à Mike.

Place-toé comme j't'ai dit. T'as jamais tiré, right?

MIKE

Pas un vrai, non.

CRACKED

Shit! Ouain ben place-toé comme y faut. Solide. Pis vise
la main. Le jeu c'est la main, ok. Fait que t'sais... J'te
l'dis tu-suite, si la balle a' rentre ailleurs que dans main,
ti-cul, j't'arrache les deux yeux avec mes doigts,
compris?

BEN

Ok, vos places. *(courte pause)* Correct, kid?

MIKE

Correct.

Cracked secoue sa main.

CRACKED

Veux-tu savoir comment j'me psych quand j'joue à ça?
J'me psych en faisant semblant que c'est pas ma main.
Ça j'fais. Ouain. C'est pas ma main, c't'une tête! Une tête
que j'haïs. Comme celle du juge qui m'a envoyé en
d'dans la dernière fois pour six mois. Une tête de vieux
schnook qui s'prend pour un autre! T'sais avec trois,
quatre cheveux su'l'crâne, un nez comme un bec
d'oiseau, pis les lèvres pincées, t'sais, les lèvres pincées
en trou d'cul d'poule. Une tête à claques! Une tête à
fesser d'dans! pis qui s'pense tellement, tellement,
tellement! mieux que moé, qui me r'garde de haut avec
son nez d'bec d'oiseau dains airs quand y m'fait le gros
speech «Mon cher monsieur...» — monsieur, y m'appelle

monsieur — Eh! quand y s'mettent à t'appeler monsieur, là, tu l'sais que ça va aller mal pis c'est vrai... «Mon cher monsieur, vous semblez zzêtre mal parti pour réussir votre vie». Shit! Comme si y savait tout'! connaissait tout'! Vieux schnook de têteux à marde! Que c'est qu'y connaît au fond? Nada, man! Nada! Mais ça l'arrête-tu? Penses-tu? Non, non, envoye su'l'speech à propos de r'trouver le droit chemin! de s'bâtir une nouvelle vie! d'avoir confiance en l'avenir! *(à sa main)* Tu peux ben avoir confiance en l'avenir, tu vas faire bang! avec ton marteau pis m'envoyer en tôle pour six mois, mais toé! toé tu-suite après tu vas aller manger un steak ça d'épais dans un restaurant chic avec des waiters en costume de pingouin, you fuck! Sais-tu c'que j'ai mangé, moé monsieur l'juge, pendant mes six mois en tôle? Hein? Sais-tu c'que j'ai mangé? *(il se met en position, puis à Mike)* BLAST-LÉ! BLAST-LÉ! BLAST-LÉ CE MAUDIT TROU D'...

> *Mike tire. BOUM! Cracked se jette en bas de sa chaise par en arrière, en hurlant de douleur. Mike se lève aussitôt et laisse tomber le revolver, paniqué lui aussi. Ben se précipite vers Cracked.*

MIKE
Ô shit! Ô shit! Ô shit!

BEN
Le kit! Va m'chercher le kit su'l'bureau.

MIKE
(le faisant) Ô shit!! Y'est-tu correct? Y va-tu être correct?

CRACKED
Tu m'dois trois cents, ti-cul! Trois cents!

MIKE
Oui, oui. Trois cents. Ok, ok... T'es-tu correct?

BEN

Allume la télé. Envoye allume!

> *Mike le fait automatiquement.*

> *TV: Montage de publicités.*

CRACKED

Une autre! Allume une autre!

> *Même jeu.*

BEN

Monte le son. Monte le son!

> *Même jeu.*

CRACKED

(qui a cessé de jouer la douleur) Ok, lève les bras dains airs.

> *Même jeu.*

Baisse-les.

> *Même jeu.*

Fais un tour sur toi-même. Fais un tour! Fais un tour!

> *Même jeu. Cracked et Ben se mettent à rire.*

Ok, là, là, mets-toi un doigt dans l'nez. Envoye! Un doigt dans l'nez!

> *Mike vient pour le faire, mais allume finalement.*
> *Cracked et Ben se tordent de rire.*

MIKE

Ben drôle... Ben drôle. Tordant.

CRACKED

Ô le poisson! Ououou le poisson!

MIKE

C't'arrangé. C'tait tout'arrangé.

BEN

Ben oui, c't'un gag.

Coups de l'étage.

Ô shit! Mon vieux...

Durant ce qui suit Ben va baisser le son sur les téléviseurs.

MIKE

En tout cas, si tu penses que m'as t'payer trois cents pour le gun, oublie ça. Pis l'dépanneur aussi, oublie ça! Si tu penses que/ j'veux pus t'voir, ok. Jamais, fuck. Jamais. T'es psycho, man! Psycho! M'en vas pas faire de coups avec quelqu'un comme toi, no way. No way, man. T'es pas ben. Tu l'sais-tu ça? T'es pas ben dans tête.

CRACKED

Ça j'aime pas ça, par exemple.

MIKE

Pas ben pantoute dans tête.

CRACKED

Parle pas de ma tête.

MIKE

Y t'manque des tarauds/

CRACKED

J't'ai dit/

MIKE

Des tarauds, queques bolts...

CRACKED

J'aime pas ça!

MIKE

C'est pas six mois en tôle qu'y y'aurait dû t'donner le

juge, c'est six ans dans un hôpital. T'es malade, fuck. Malade mental, fuck. Malade comme ta mère. Débile, c'est ça que t'es! Débile mental comme ta mère!

> *Cracked éclate. Il ramasse l'assiette de perogies, la casse sur la tête de Mike, puis lui saute dessus. Ils tombent derrière une table ou un établi. Cracked frappe furieusement Mike tout en hurlant.*

CRACKED

FERME TA YEULE! FERME TA YEULE! FERME TA YEULE!...

> *Ben qui était sur le point de téléphoner, intervient. Il ira chercher Cracked par le collet et le poussera pour l'éloigner de Mike. Cracked continue à hurler durant la prochaine réplique de Ben, jusqu'à la sienne.*

BEN

Wo! Wo! Wo! Qu'est-ce tu fais? Non, non, pas d'ça icitte! J'en veux pas d'ça icitte! Arrête!

CRACKED

Y'a parlé de ma mère! Tu l'sais Ben! tu l'sais c'que j'fais quand on parle de ma mère, tu l'sais!

BEN

Ok oui, je l'sais mais...

CRACKED

Pis c'est pas un ti-cul de capoté qui s'prend pour Jesse fuckin' James ou j'sais pas qui, qui qui qui va v'nir me parler d'ma mère dans ma face, Ben! tu l'sais ça! Tu l'sais ça!

BEN

C't'un kid! Laisse tomber!

CRACKED

Kid, pas kid! Kid, pas kid! M'en câlisse de ça! I don't give a fuck!

Cracked a pris Ben par le collet. Ben le repousse
brusquement.

BEN

Eh! Tu viens-tu juste de lever la main contre moé? C'est-
tu ça que j'ai vu?

CRACKED

(se calmant d'un seul coup) C't'un accident, Ben, un
accident. J'ai pas voulu, j'veux dire, j'tais énervé. J'savais
c'que j'faisais là. Ça voulait rien dire, rien dire
pantoute...

> *Durant ce qui précède, Mike est sorti de derrière la*
> *table, la gueule en sang. Il se précipite ensuite au*
> *bureau, ouvre le tiroir et en sort le revolver de Ben.*

BEN

Rien, hein? J'espère. J'espère pour toé parce que si
jamais ça se reproduit même par accident...

CRACKED

(voyant Mike avec le revolver) Shit!

> *Ben se retourne.*

BEN

Shit!

Afficheur

«JE SAIS PAS POURQUOI JE L'AI FAIT'.»

> *Très rapide.*

MIKE

(à Ben) Toé, tasse-toé là! Tasse, tasse! Envoye, tasse!

BEN

(le faisant) Wo, kid! Wo! Je l'fais. Fait yenque/

MIKE

Envoye, tasse!

213

BEN

Attention, y part à rien c'gun-là. J'te l'ai dit, c't'un/

MIKE

(à Cracked) TOÉ, À GENOUX!

BEN

sensible. Tu veux pas qu'y/

MIKE

(à Ben) ASSEZ! *(à Cracked)* À genoux, j't'ai dit à genoux. Go!

CRACKED

Pas cool, Babe/

MIKE

GO! GO! GO!

> *Cracked le fait. Mike s'est placé derrière lui.*

Afficheur

«C'ÉTAIT COMME DANS UN FILM OU UN RÊVE OU»

BEN

Ok, pense, là, pense deux secondes là...

CRACKED

Ouain ti-cul, c'est ben beau/

MIKE

FUCK YOU! Tu parles encore, t'es mort! T'es mort! J'te flambe drette là, m'as-tu compris? Ouvre ta yeule une autre fois! une autre fois! j'te jure que t'es mort! Ça change tout' ça, hein? Hein? Tout'! *(en poussant le canon contre le derrière de la tête de Cracked)* Hein, Babe? Hein, Babe?

BEN

Kid, calme-toé, calme/

MIKE

Vous riez pus là, hein? On rit pus du kid là, hein? HEIN, BABE? HEIN, BABE?

> *Coups de l'étage.*

Afficheur

«JE ME VOYAIS FAIRE CE QUE JE FAISAIS»

BEN

Là, pense, respire par le nez, pis pense/

MIKE

C'est moi qui dit c'qu'on fait. Toi, respire par le nez!

BEN

Oui, ok, hey! C'est toé qui mène, mais écoute, écoute-moé...

MIKE

J'pars avec le gun.

> *Courte pause.*

BEN

Non. Non, tu pars pas avec le gun.

MIKE

Comment ça, «Non»? Hein? Comment ça «Non»? Je l'ai, j'pars avec.

BEN

Ok. Tu veux faire ça, fais-lé. Mais si tu l'fais, moé j'ai pus d'choix. J'te l'ai dit, tu passes la porte avec ça dains mains, tu viens de te mettre les pieds dans mon monde.

> *Courte pause. Coups de l'étage.*

C'est ça tu veux, tu l'fais. Si c'est dans c'monde-là tu veux te r'trouver, vas-y. Mais tu pars avec le gun, mon gun, le mien, mon gun, moé j'ai pas l'choix, j'vas aller l'chercher.

215

CRACKED

Ya, Babe! Tu vois-tu c'qui va t'arriver, c'qui/

BEN

CRACKED! TA YEULE! PAS UN MOT D'TOÉ! C'est toé qui nous a mis dans situation icitte. J'veux pus t'entendre.

Pause.

Afficheur

«J'AIMAIS ÇA. J'AIMAIS TELLEMENT ÇA.»

BEN

J'te promets queque chose, kid. Sors, laisse le gun devant la porte. Y'a rien qui s'est passé à soir, on s'est jamais vus, on s'est jamais parlé... Je l'jure sur la tête de ma mère qui est morte.

Mike jette un coup d'œil vers Cracked.

Inquiète-toé pas pour lui. Y sait c'qui l'attend si y fait pas c'que j'y dis.

Pause.

Retourne chez toi. Dans ta chambre. Mets d'la glace sur ta joue.

Mike baisse le revolver.

Mike, tu l'sais que j'ai raison.

Afficheur

«C'ÉTAIT COMME DANS UN FILM OU UN RÊVE OU»

Mike sort en reculant. Courte pause.

BEN

Va chercher le gun avant quelqu'un le voit.

CRACKED

Veux-tu j'le ramène, on va y apprendre une leçon?

216

BEN

    J'ai promis.

CRACKED

    So?

BEN

    J'ai juré sur la tête de ma mère.

CRACKED

    Tu vas l'laisser partir après c'qu'y t'a fait'?

BEN

    Pis mon honneur? Où c'est qu'il est mon honneur, si j'fais ça?

CRACKED

    Honneur? What the fuck, honneur?

> *Courte pause. Coups de l'étage.*

BEN

    Ouain, j'sais. J'sais, t'as raison. Va l'chercher, ramène-moé-lé.

Afficheur

    «JE SUIS RESTÉ À CÔTÉ DE LA PORTE»

> *Cracked sort. Ben ramasse un marteau.*

BEN

    Stupid kid.

> *TV: Sur les écrans de quatre des téléviseurs, on voit un montage de séquences de fusillades. Sur l'écran du cinquième, on verra la scène entre Mike et Cracked telle que décrite.*

Afficheur

    «L'AUTRE A ÉTÉ SURPRIS DE ME VOIR ENCORE LÀ»

> *Ben va au téléphone, signale.*

217

«JE LUI AI DIT DE S'EN ALLER»

> *Ben monte le volume d'un des téléviseurs. On entendra le vrai coup de fusil parmi tous ceux de la télé.*

Afficheur

«QUAND IL N'A PAS VOULU, J'AI TIRÉ UNE FOIS TOUT PRÈS DE SES PIEDS COMME DANS LES FILMS DE COWBOY»

> *TV: Après le coup de revolver, Cracked part en courant. Ensuite, sur l'écran du cinquième téléviseur, il y a le montage des mêmes séquences de fusillades.*

Afficheur

«J'AI AIMÉ ÇA. J'AI TELLEMENT AIMÉ ÇA.»

BEN

(au téléphone et en polonais) O co chodzi? Dlaczego tato znowu wali tą szczotką a nie dzwoni przez telefon? Nie, nie, to w telewizji. [Papa, quoi? Pourquoi tu fais ça avec le balai au lieu de prendre le téléphone?... Non, non, c'est la tv...] *(en français)*

> *Mike revient sur scène avec le masque de Cracked sur le visage et s'approche dans le dos de Ben avec le revolver en main.*

Afficheur

«JE VOULAIS JUSTE... JE SAIS PAS POURQUOI JE SUIS REVENU.»

BEN

(en anglais) It's just the movie, Papa. A stupid movie, ok? *(en polonais)* Niech się tato potoźy. [Couche-toi, puis dors...] *(en français)* Tout va bien, très bien. Tout va pour le mieux dans le meilleur des mondes.

Afficheur

«OUI. C'ÉTAIT COMME DANS UN FILM OU UN RÊVE OU»

Mike lève le revolver et le dirige vers la tête de Ben.

TV: Sur tous les écrans, on voit Mike en salle d'interrogatoire.

MIKE *(à l'écran)*
C'tait comme dans un film, ou un rêve, ou... C'est parti tu-seul, j'voulais pas vraiment. Ô shit! Que c'est j'ai fait'? Que c'est?

TV: Durant ce qui suit, le montage de Mike à huit ans se remet à jouer sur un écran de téléviseur après l'autre jusqu'à ce qu'il ne reste plus qu'un écran avec Mike en interrogatoire.

(en se frappant le front) J'suis niaiseux. Niaiseux. Tellement niaiseux!... *(se frappant de plus en plus fort et de plus en plus vite)* Con! con, con, con! Con! *(courte pause)* Qu'est-ce qui va m'arriver là?

NOIR.

Le déluge

Sans arrêt
Sans répit
la pluie tombait
Sans répit
Sans arrêt
jour et nuit
Sans arrêt
Sans répit
l'eau montait
Sans répit montait
Sans arrêt montait

Il pleuvait à verse
à torrent
depuis des semaines depuis
depuis longtemps
et toutes les rivières
étaient sorties de leurs lits
depuis j'savais pus quand depuis
depuis j'me souvenais pus quand

tout avait disparu

les chemins, les autos
les chars, les camions
les ponts

les arbres, les maisons
les Burger King
les MovieLand

les églises, les cathédrales
les clochers d'églises
les hôpitaux

les grands hôtels
les grandes tours des grandes banques
les grosses soucoupes sur le haut des grandes tours

tout avait disparu

les montagnes
la montagne
les montagnes avaient disparu

la croix avec

tout avait disparu

la shop à mon père avait disparu

ma maison avait disparu

mon piano avait disparu

ma machine à espresso Gaggia avait disparu

mes disques de Led Zeppelin avaient disparu

le café à Jaypee avait disparu

mon Powerbook avait disparu

ma mère avait disparu

ma fille pis ma femme avaient disparu

tous mes amis avaient disparu

tout avait disparu

tout avait disparu depuis

depuis des jours
je me tenais après un tronc de chêne
mais j'arrivais pas à monter dessus
à tout coup le tronc de chêne basculait
le tronc de chêne chavirait
le tronc de chêne roulait et
et moi, moi, je roulais avec et

on aurait dit un gag dans un film muet

sauf

sauf pour la piste-son de la pluie

sauf

sauf

sauf pour tous ces corps
qui passaient en flottant
avec des tas de corneilles et de gros-becs dessus

Requiem in pace

PERSONNAGES
CRACKED, 20 ans. Veston de cuir. Chemise blanche,
cravate. Pantalon noir. Bottes de cowboy neuves.
BEN, 41 ans.

LIEU
Nous sommes à l'extérieur. Sur un terrain qui donne
sur une rivière dans les Laurentides.

TEMPS
Nous sommes le Vendredi saint. Au coucher du soleil.

Cracked est debout, face au public. À ses pieds, il y a
un paquet enveloppé de papier kraft avec de la corde à
bail. Il regarde au loin. Des coulisses, on entend le
bruit de quelqu'un qui creuse la terre avec une pelle.

CRACKED

Ostie qu'c'est beau.

> Il se tourne vers le bruit. Pause. Se retourne vers le
> public.

C'est beau en tabarnak mais j'suis gelé.

> Pause.

Laisse-moé don' en faire un peu pour me réchauffer? Tu
veux pas m'en laisser faire un peu? Juste un peu?

> Pause.

J'comprends pas moé pourquoi c't'illégal. Pourquoi? Y'a

des affaires de même... Pourquoi? Y veulent tout' contrôler ces osties-là. Tout'! «La liberté». Ça parle fort, t'sais: «Nous sommes pour la liberté», «On est un pays libre». Mais t'sais, si c'est quelqu'un que t'as aimé... pourquoi qu'y s'mêleraient de ça eux-autres?

Il ramasse le paquet. Sort un couteau de sa poche, coupe la corde et enlève le papier kraft. Il se retrouve avec une petite boîte rectangulaire noire en plastique dans les mains.

J'dis pas des corps. Des corps, ça, j'comprends. Des corps, ok. Y'a l'affaire des maladies, des j'sais-pas-quoi, ouain j'comprends. Des corps, j'comprends. Mais des cendres! What the fuck, des cendres! What the fuck!

Il jette un regard vers les coulisses puis il enlève le couvercle et regarde à l'intérieur.

Si c'est quelqu'un que t'as aimé, pourquoi faudrait que tu paies un gars cent piasses en cachette en d'ssous d'la table pour avoir ses cendres?

Même jeu vers les coulisses puis il approche son nez de la boîte et renifle.

Faut qu'y contrôlent. Faut tout l'temps qu'y contrôlent tout' ces osties-là.

Il met une main dans la boîte et touche ce qu'il y a à l'intérieur.

On devrait pas avoir à s'cacher pour faire c'qu'on fait là. C'est pas naturel qu'on s'cache. Si c'est quelqu'un que t'as aimé, c'est pas naturel.

Le bruit en coulisses a cessé. Cracked jette un coup d'œil dans le boîte, puis il en sort rapidement la main, remet le couvercle et dépose la boîte. Courte pause.

Fini?

Ben entre. Il est en chemise blanche et cravate. Il porte un bandage autour de la tête et un carcan autour du cou. Il entre avec une pelle dans une main. Il parle d'une voix éraillée.

224

BEN

Passe-moé-lé.

CRACKED

Ça fait-tu mal?

BEN

Non, non. Passe-moé-lé.

CRACKED

Mets ton manteau. Tu devrais remettre ton manteau. Tu vas geler.

> *Courte pause.*

BEN

(regardant vers l'eau) On venait pêcher ici. On buvait d'la bière. On parlait polonais.

> *Courte pause. Grondement d'avion qui va en augmentant durant ce qui suit. (L'avion, qui se prépare à atterir à Mirabel, passe au-dessus de leurs têtes.)*

On était venus l'automne dernier.

> *Cracked prend le manteau de Ben et lui tend. Ils doivent parler fort à cause du bruit de l'avion.*

CRACKED

T'aurais dû m'laisser le faire à ta place.

BEN

J'voulais l'creuser moi-même.

CRACKED

J'sais mais, t'sais, t'aurais pu t'faire mal.

BEN

Passe-moé-lé.

CRACKED

Hein?

BEN

Passe-moé-lé.

*Cracked redépose le manteau et va chercher la boîte.
L'avion a passé.*

(en regardant l'eau) J'm'en rappelle comme si c'tait
hier.

CRACKED

On est-tu sûr que c'est lui?

Pause. Ben ne prend pas la boîte que Cracked lui tend.

BEN

Qu'est-ce tu veux dire «on est-tu sûr que c'est lui»?

CRACKED

J'veux dire comme on est-tu sûr que c'est lui? que c'est
ses cendres? ses cendres à lui? T'as payé le gars cent
piasses, mais on est-tu sûr que l'gars t'as donné ses
cendres, les bonnes cendres? On est-tu sûr que l'gars a
fait' le switch? Pis qu'y'a pas enterré les bonnes cendres
au cimetière la semaine passée?... Pour se protéger. Tu
vois-tu c'que...? Pour se protéger. Pour pas s'faire
pogner. Y prend ton cent piasses, te dit qu'y va faire le
switch, mais y l'fait pas. Lui, y'enterre c'qu'y'est s'posé
enterrer, pis y t'donne une boîte de cendres, de
n'importe quoi, mais comme y'a enterré c'qu'y'était
s'posé enterrer, on peut pas l'piner.

Pause.

J'ai pensé à ça tantôt.

Pause.

BEN

J'veux pas entendre ça, Cracked. J'veux pas, comme/
C'est mon père. Je suis ici pour enterrer mon père.

CRACKED

S'cuse. C'est vrai, je/

226

BEN

C'est mon père.

CRACKED

Oui.

BEN

J'veux pas entendre une histoire tout' fuckée que tu
t'inventes là...

CRACKED

S'cuse.

BEN

...pour te rendre intéressant! J'ai payé un gars cent
piasses pour qu'y m'switch des cendres. Pis l'gars c'est
ça qu'y'a fait'. Y'a switché des cendres. Pis les cendres
qu'y'a dans c'te boîte-là, c'est les cendres de mon père.

CRACKED

S'cuse.

BEN

J'veux pas commencer à penser que peut-être le gars a
pas fait c'qu'y devait faire. J'veux pas commencer à
penser que j't'en train d'enterrer des cendres qui sont
pas les cendres de mon père, des cendres qui sont les
cendres de, de, de, d'un autre ou de chriss, d'une table
de cuisine ou/ J'veux pas commencer à penser à ça.
Shit! C'est déjà assez qu'y faut que... J'veux enterrer
mon père, Cracked. Comprends-tu ça?

CRACKED

Oui. S'cuse. Oublie ça.

> Ben prend la boîte. Il commence à sortir puis s'arrête
> d'un coup.

BEN

Ostie, là, là... Là, j'peux pas m'empêcher d'y penser.

227

Pause.

You fuck.

CRACKED

S'cuse.

BEN

Fuck.

CRACKED

Non, Ben. C'est ton père. C'est sûr que c'est ton père. Oublie ça c'que/ t'as raison c't'une histoire toute fuckée, toute/ Oublie... Oublie... C'est ton père.

Pause.

BEN

You fuck.

Pause. Ben sort.

CRACKED

C'tait peut-être son avion. *(regardant sa montre)* Ouain, c'tait peut-être ça. L'avion de Miami. J'pense que c'tait l'avion de Miami ça, Ben. Fait qu'on a comme une autre demi-heure. *(regardant sa montre)* À peu près.

Pause.

Temps qu'a' sorte. *(courte pause)* Qu'y sortent les valises. *(courte pause)* Les douanes. *(courte pause)* Et cetera, et cetera... Qu'est-ce tu fais?

BEN

J'prie, tabarnak. J'peux-tu comme prier en paix, chriss!

> *Pause. Cracked va chercher une petite bouteille de vodka dans une des poches du manteau de Ben. Prend une gorgée. Regarde sa montre de nouveau. Replace la bouteille.*
>
> *Pause.*

CRACKED

Ostie que c'est beau.

Ben revient.

BEN

On gèle. Passe-moé mon manteau.

Cracked ramasse le manteau et aide Ben à l'enfiler.

CRACKED

T'as mal?

Cracked enlève quelques feuilles mortes du manteau avec sa main.

BEN

(regardant l'eau) Ouain... Fallait toujours v'nir icitte. Toujours drette icitte. Ah... *(soupir)*

CRACKED

Veux-tu j'remplisse le trou?

Ben fait un geste de la tête vers le trou. Cracked sort. Un temps. Puis on entend le bruit de la pelle.

BEN

Ah... *(soupir)*

Ben sort la bouteille de vodka d'une poche et un petit verre de l'autre. Un autre 747 passe. Grondement. Ben se verse un verre.

La vie continue, hein Cracked?

CRACKED

Hein?

BEN

(plus fort) La vie continue!

CRACKED

(fort) Ouain Ben, la vie continue.

Ben boit.

229

BEN

(*pour lui*) Ouain. Tout' continue. Tout' continue. On sait
pas pourquoi, on sait pas comment ça s'fait mais tout'
continue... (*courte pause, encore pour lui*) «On est-tu sûr
que c'est lui»! Fucking asshole.

L'avion a passé. Ben se sert un autre verre. Boit.

BEN

Les Vendredis saints, on avait pas l'droit de manger
avant l'coucher du soleil. Tu t'souviens pas d'ça, toé?

CRACKED

C'est juif, ça. C'pas juif, ça?

BEN

(*serrant le verre et la bouteille*) Non, non, c'pas juif...
(*s'arrêtant, pour lui*) C'tu juif?... Y'avait l'affaire des
douze heures, pis l'affaire du poisson le vendredi, pis...
Voyons, c'tait-tu ça qu'on faisait les Vendredis saints?

Cracked revient.

CRACKED

C'est fait'.

Courte pause.

BEN

Ok.

*Ben ramasse le papier kraft. Il met la corde dans ses
poches. Cracked lui tend une enveloppe.*

CRACKED

Tiens.

BEN

C'est quoi?

CRACKED

Ton cut.

BEN

(en prenant l'enveloppe et en donnant le papier kraft à
Cracked) Cut de quoi?

CRACKED

Pour la course. Ton deux cents.

BEN

Dutrissac me demande de faire une course pour lui, pis
c'est toi qui m'paye?

CRACKED

C'est moé qui y'a parlé à Dutrissac.

BEN

Pis?

CRACKED

Y m'a parlé à moé.

BEN

Cracked, Dutrissac t'a payé pis tu m'as pas donné
l'argent?

CRACKED

Ben, je... Écoute...

BEN

T'as quoi dans tête, toé? Tu peux pas pas m'dire/ T'as
quoi dans tête, toé? J'devrais te casser les deux jambes
pour ça.

CRACKED

C'est moé qui y'a parlé.

BEN

Ouain pis y t'a dit de m'dire quoi faire, où aller, pis...
pis y t'a payé d'avance?

CRACKED

J'y ai demandé.

231

BEN

Tu y'as demandé? Tu y'as demandé de payer? Qu'est-ce qu'y va penser d'moé, là? Ça s'fait pas Cracked, ça s'fait pas, chriss...

CRACKED

C't'à moé qu'y'a demandé, Ben.

> Pause.

À moé. *(courte pause)* Pas à toé. À moé. *(courte pause)* J'y ai demandé si j'pouvais t'amener pis y m'a dit oui.

> Pause.

BEN

C'est ta course?

CRACKED

C'est ma course, oui. C'est ma course. *(courte pause, Ben regarde dans l'enveloppe)* J'veux dire, c'est d'même que ça marche, right, Ben? On m'paye pour aller chercher deux valises, les amener à une place, les donner à quelqu'un/

BEN

(l'interrompant) Deux cents?

CRACKED

Ouain, deux cents. Cinquante-cinquante, Ben. Tu peux demander à Dutrissac. C'est cinquante-cinquante.

> Pause.

BEN

Oublie pas la pelle.

CRACKED

La pelle. Right.

> *Cracked sort. Ben met l'enveloppe dans une poche, ressort la corde. Un avion passe.*

232

BEN

Y t'a-tu dit c'tait quoi dains valises? *(courte pause)* Peut-
être c'qu'on devrait faire, Cracked, c'est d'domper la
femme dans rivière icitte pis disparaître avec les valises.
Qu'est-ce tu penses de ça? Hein, Cracked?

Ben sort.

Qu'est-ce tu penses de ça?

Le grondement de l'avion est à son maximum.

*CRASH. Tout d'un coup, ils reviennent. Ben a enroulé
la corde autour du cou de Cracked. Il est en train de
l'étrangler.*

HEIN? YOU FUCK! QU'EST-CE TU PENSES DE ÇA?

Cracked se débat violemment. Ben tient bon.

CRACKED *(voix sur bande)*

C'tait dans ma tête. De v'oùsse? J'sais pas. Mais c'tait
dans ma tête, pareil.

Tout' est dans ma tête. J'connais une fille. A' dit ça. A'
dit tout' est dans tête. Tout' c'qu'y'a jamais eu su'a terre,
est dans ta tête. Tout'. Toute la patente. A' dit elle que
tout le cosmos, fuck, l'univers, fuck, est dans ta tête. Pis
que ça nous r'vient des fois par ti-bits tous mêlés des
fois, pis que c'est ça qui s'passe des fois quand on rêve.
Qu'on est comme des (comment a' dit ça, elle?) qu'on
est comme des...

Comme les grosses antennes, les super fucking dish
pointés vers les étoiles... Ça qu'a' dit...

Moé...

J'sais pas moé...

J'sais pas d'oùsse ça sort.

*Ils disparaissent de nouveau en coulisses. L'avion
s'éloigne.*

Un temps. Silence.

*On aperçoit Ben près de la coulisse avec la pelle dans
les mains. Il la lève au bout de ses bras et frappe. On
comprend qu'il est en train d'achever Cracked.
Plusieurs coups. Pause.*

Ben laisse tomber la pelle.

BEN

Shit.

*Ben revient vers nous. Il entrouvre son manteau. Le
couteau de Cracked est planté dans son foie.*

Ô shit.

NOIR.

Culture et identité canadienne

une conférence

Ok, here we go...

Je suis à Caraquet, cet été, en train de travailler avec des auteurs dramatiques de la région — un travail de développement de textes en collaboration avec le Théâtre populaire d'Acadie — et je reçois un coup de fil de Winnipeg. On m'invite à participer à ce symposium, à cette table ronde «Culture et Identité».

J'fais Eh! Pourquoi pas?

Ouain... en tant qu'artiste bla bla bla... mon expérience franco-ontarienne bla bla bla... le travail que j'fais en ce moment avec les Acadiens bla bla bla... Ouain, j'ai sûrement des choses à dire...

Ok! C'est un rendez-vous.

De retour à Montréal, à la fin de l'été, j'ai un peu de temps avant de me lancer dans d'autres projets, j'me dis Tiens, Culture et Identité, le truc pour Winnipeg, prenons un peu d'avance là-dessus. Je sors mon p'tit

235

crayon, ma p'tite feuille de papier... Et trois semaines plus tard...

HOW DO I GET OUT OF THIS?!!

Je suis complètement angoissé. Je dors mal, j'obsède, je noircis des pages et des pages de notes, de bouts de phrases, de j'sais pas trop quoi. J'ai mal au ventre.

Le pire: à un moment donné j'me dis Tiens j'vais aller me ramasser le livre de Bruce Powe «Outage», on m'avait dit qu'il serait ici. Ok, j'vais lire ça, ça va peut-être m'aider à organiser mes idées. Ok, j'descends en ville, j'entre dans la librairie Paragraphe près de McGill, j'trouve son livre tout d'suite, bang! Mais en même temps, je regarde autour Oh! tiens, tiens, tiens, j'vois une petite affiche Cultural Studies, j'y vais, j'fais Wow! juste là, en face de moi, y'a un livre Culture and Identity. Great! Parfait! Ça va sûrement me donner des... Woops! Oh! R'gardons ça. Culture and Identity, Identity and Culture, Cultural Identity, La Problématique des identités culturelles... Ah!!! Y'a huit rayons de livres qui parlent de...!!!

How do I get out of this?!!!

Bon. Comme vous pouvez le constater, puisque je suis ici, I didn't get out of it. I didn't try to get out of it. Parce que c'est à partir de ce moment-là que je me suis dit Attends minute-là, Jean Marc, c'est quoi cette angoisse-là? Ton mal de ventre vient d'où?

C'est pas que j'vais avoir à parler en public, j'ai fait ça souvent. Ni que j'aie à rédiger un texte entre guillemets «savant» ou «académique», on m'a invité à parler tout simplement. Je ne suis ni un savant ni un académique,

236

j'ai jamais fait semblant d'en être un, j'commencerai pas
ici. Je suis un auteur dramatique et un poète, pas un
essayiste. J'laisse ça à d'autres. C'est pas mon métier.

Ok, fait que si c'est pas ça, qu'est-ce qui reste?

Bon, j'vous avouerai qu'il y a le contexte du symposium
en soi qui me met un peu mal à l'aise. Le fait que j'vous
connais pas beaucoup, que je sais qu'il y a des agendas
politiques dans la salle, possiblement sur la scène ici...
Et puis, évidemment, on se rencontre dans le contexte
plus large du débat constitutionnel. Bon, c'est quand
même un peu nouveau pour moi de prendre la parole
dans de telles circonstances. J'me méfie un peu.
Comment on va interpréter ce que je dis? Comment
c'qu'on va s'en servir après? Mais... Mais c'est pas ça!
Quand j'ai quelque chose à dire, j'le dis, pis j'me suis
déjà retrouvé dans des controverses, c'est pas ça qui va
m'arrêter. Non, c'est pas ça.

Non, je m'aperçois que c'est beaucoup plus personnel,
que ce mal de ventre, ce nœud que je ressens au
niveau du plexus solaire a très peu à voir avec la
présentation ici aujourd'hui. C'est plutôt une réaction
très émotive, je dirais même primaire, aux mots Culture
et Identité. Parce qu'en les entendant, j'entends aussi
tout d'suite trois voix dans ma tête: Une grosse grosse
voix qui me demande: «Qui es-tu?», suivie par une toute
petite voix: «Qui suis-je?», pis là y'a une troisième voix
qui va: «Ah! who cares? Culture et Identité? Va don'
t'acheter une caisse de bières, un sac de chips pis
relaxe. Eh! pis oublie pas y'a Star Trek qui joue à soir!
Star Trek! I love...» «Qui es-tu?» «Qui suis-je?» Ah! J'ai
mal au ventre.

Primaire!

Bon maintenant... pour fouiller un peu tout ça — et j'vous avouerai ici que c'est une idée que j'ai volée de Michael Ignatieff (que vous connaissez peut-être). C'est comme ça qu'il commence son livre *L'Album russe*, en feuilletant son album de famille. En revoyant ses ancêtres, il nous parle d'héritage culturel, d'identité etc... Donc moi, j'ai décidé de vous préparer un p'tit diaporama. On est à l'ère des images, de la technologie — M. Powe va sûrement vous entretenir sur les rapports entre l'identité et les nouvelles technologies de communication — donc moi, j'me suis dit Tiens, j'peux pas dire grand-chose là-dessus mais j'peux m'en servir.

Bon malheureusement, Air Canada a perdu mon sac avec mon projecteur. Mais eh! avec toutes les coupures qu'y'a eu dans les arts depuis dix ans, nous les artistes, on est habitués à fonctionner avec moins que rien, à se débrouiller avec ce qu'on a, fait que...

> (*Début du jeu des diapositives: je les tiens dans ma main.*)

Ce que vous voyez ici, c'est l'endroit où je suis né le 21 février 1957, soit l'Hôpital général d'Ottawa.

J'commence là parce que aussitôt arrivé en ce monde, mes problèmes d'identité commencent: ma mère biologique m'abandonne. Mes parents biologiques me sont inconnus. Bon, avant de me mettre à brailler sur mon sort, j'vous avouerai tout de suite qu'y'a un côté l'fun à ça. C'est que j'peux faire semblant. Si j'aime le Chianti pis les films de Fellini tant que ça (avec l'accent) C'est qu'il y a peut-être des raisons très profondes. Como se dice? L'appel de la race! Pis, en plus de ça, j'peux changer comme j'veux. J'entends un tango, j'suis Argentin. J'lis James Joyce, j'suis Irlandais. J'écoute un disque de Ray Charles, and man I'm like... Ok, des fois, j'exagère.

Bon, y'a un côté l'fun à ça mais évidemment y'a aussi un côté sombre. Dans notre culture occidentale, les bâtards n'ont pas bonne réputation, c'est le moins qu'on puisse dire, et les enfants abandonnés qui connaissent pas leurs vrais parents finissent souvent mal... On n'a qu'à se souvenir d'un certain Œdipe. C'est chargé!

Mais mon histoire finit pas là...

(diapo)

Dix jours plus tard, donc le 31 février 1957, je suis adopté par Blanche et Aurèle Dalpé.

(diapo)

Me voici avec mon père et ses sœurs: Claire, Juliette, Yvonne, Alice et Jeannette.

(diapo)

Et me voici avec ma mère et ses sœurs: Barbara, Beulah and Ruby... Oh! Oh! Eh oui, Blanche c'est pas vraiment Blanche mais (prononcé à l'anglaise) «Blanche». Blanche Ada Nix from Stanley, Nova Scotia.

Hi Mom. Allô Papa.

Culture et Identité. Ah! j'ai mal au ventre.

(diapo)

Avançons un peu dans le temps. Me voici dans mon habit de première communion...

(diapo)

Et me voici dans mon costume du Lone Ranger.

Six shooters and crosses... Des statuettes de la Sainte Vierge, et un homme masqué qui ne veut pas révéler sa véritable identité. I wonder what Carl Jung or Joseph Campbell would have had to say about that mythology?!

(diapo)

Bon ici, l'histoire se corse.

Me voici avec mon meilleur ami, Greg. Bon, pour toutes sortes de raisons, on m'a envoyé à l'école française, et j'vis sur une rue où presque tous mes amis sont francophones. Donc, malgré qu'à la maison, je parle surtout l'anglais avec ma mère, ma vie sociale se déroule plutôt en français. Sauf avec Greg, le fils d'une amie à ma mère et... my best friend.

Le jour où cette photo a été prise, on a comme neuf, dix ans. On est chez nous et je lui montre mes livres d'école: le petit catéchisme gris, le grand cahier pour les leçons de bienséance, et bien sûr l'Histoire du Canada des frères des écoles chrétiennes avec leurs mémorables illustrations des méchants Indiens en train de martyriser le bon père Lallemand... Enfin...

Enfin, je tourne les pages et je tombe sur Évidemment! la bataille des plaines d'Abraham, ce qui provoque cette réflexion de mon meilleur ami — That's when we beat you!

We? You?
(deux diapos)
Là, là, j'suis un peu mêlé. Pis, au fait, Greg l'est tout autant que moi, même peut-être plus', parce que lui son nom de famille, c'est Lelièvre!

Tout ce que je sais c'est que cette dualité influence beaucoup ma perception du monde.
(jeu des diapos: lunettes)
Maintenant y'a un grand bout' de ma vie où...
depending on
à qui je parle

240

I go
d'une à l'autre
Hi aunt Ruby
Bonjour Matante Alice
pis j'me mêle un peu des fois mais pas trop souvent.

(diapos sur la tête)

Mais voilà! Cela ne dure qu'un temps. Hélas! Hélas! Trois fois Hélas! Le glas sonne pour l'enfance. Pour l'innocence.

L'heure de vérité approche. Me v'là rendu en pleine adolescence!

O God que j'ai haï ça! Pour toutes sortes de raisons mais passons.

Non... Revenons à nos moutons, let's get back to our sheep: Culture et Identité.

À l'adolescence, commencent les pressions de l'extérieur. Faut choisir, tu peux pas être les deux en même temps, man, c'trop mêlant man Choose Décide Whose side are you on Décide Get with it Décide Décide Décide...

Ok, fait que j'décide! J'en tasse une, mais laquelle? Laquelle?

Momma! Papa! Momma! Papa! Momma! Papa!

Bon, puisque je vous adresse surtout en français aujourd'hui vous aurez compris que j'ai décidé de poursuivre mes études et ma carrière dans la langue de mon père. Bye Mom!

Mais un jour, j'ai bien compris qu'il y avait des conséquences à mon geste.

(jeu avec diapo: en en enlevant une, je me retrouve en déséquilibre)

Premièrement qu'il me manquait quelque chose dans ma vie, et que cela créait un certain déséquilibre intérieur. Et puis, de toute façon, évidemment, quand je dis que j'ai choisi la langue de mon père, c'est vrai, mais t'sais... Hey! she's my Mom! And if you think she's going to let me pretend she's not there, you don't know my mother!

Come on back in here, Mom!

(jeu de diapos: lunettes)

Ah!

Et nous voilà de nouveau à notre point de départ! Avec mes voix intérieures: «Qui es-tu? Qui suis-je? Qui es-tu? Qui suis-je? Qui es...»

Ah! J'ai mal au ventre!

À première vue, on pourrait penser que ma réaction primaire, la source de mon angoisse, mon mal de ventre découle d'un conflit entre les deux cultures. Que je ne suis qu'un champ de bataille, un ring de boxe où se livre un combat acharné. L'anglais et le français qui se...

Mais c'est faux!

Aujourd'hui, j'ai aucun problème avec ça. Au fait, je suis à l'aise là-d'dans comme un poisson dans l'eau. Je nage, je nage, je passe d'un courant à l'autre. Je lis Timothy Findley, je lis Réjean Ducharme, je vais voir les pièces de George Walker, de Judith Thompson, je vais voir celles de Michel Tremblay, de René-Daniel Dubois... Maintenant, attention! Mon rapport aux auteurs, aux écrits, aux produits culturels n'est pas symétrique, comme mon rapport aux langues ne l'est pas. Non. Chaque rencontre m'apporte quelque chose de différent, me touche différemment, me touche plus ou moins profondément pour toutes sortes de raisons. Mais cela n'empêche rien, n'empêche pas le mouvement.

Au fait, ce que je suis en train de vous dire, c'est que je suis un métis, un être (culturellement, linguistiquement) hybride. Et que le «problème», c'est pas d'être ce que je suis en soi.

Mon problème c'est quand on se met à parler de CULTURE et d'IDENTITÉ, je sais très bien que si mon interlocuteur ne se perçoit pas lui-même comme métis — peu importe si c'est français-anglais ou autre chose — je sais que la notion de métis glisse, plus ou moins subtilement selon la personne, mais infailliblement, vers la notion de... Bâtard.

Paranoïaque? Qui ça qui a dit paranoïaque? Moi, paranoïaque?! Franchement! Pensez-vous? Est-ce que j'exagère? Peut-être que j'ai été plus traumatisé que j'pensais par le fait que ma mère biologique m'abandonne...

Non, non! C'est dans les dictionnaires! Et ça devrait pas nous surprendre. En tout cas, moi ça me surprend pas. Pourquoi? Parce que nos langues et, par extension, nos cultures et donc une espèce de vision du monde dominante dans nos cultures, ont été marquées par l'histoire et surtout par l'expérience Impérialiste des deux métropoles, Londres et Paris. Entreprise gigantesque, monumentale, qui exigeait une vision

243

hiérarchique des êtres humains et donc un concept d'identité centrale forte et dominante. En d'autres mots, dans ce monde-là, et on vit toujours avec ça aujourd'hui, le bottom line c'est:

If you're in, you're in. If you're out, you're fucked.

Bad!

Pis si t'es pas blanc et européen, au carré!

Dans cette vision du monde — et j'ai envie ici d'utiliser plutôt l'expression vision-fiction du monde — on lie la notion d'identité à une notion de frontières. Frontières souvent géographiques mais pas nécessairement; elles peuvent être d'un autre ordre: linguistiques, religieuses, ethniques, coupe de cheveux, etc. Mais ce qui est sûr et certain, c'est que cette fiction repose sur un a priori, celui qu'il existe une ligne de démarcation claire entre Nous et l'Autre.

Évidemment, dans cette fiction-là, j'ai pas le beau rôle. Les métis, les hybrides, les bâtards vivent dans une espèce de zone frontalière du no man's land tampon flou ambigu pas net, impur... En d'autres mots: Since we're out, we're fucked. Et nous sommes même, à la rigueur et dans certaines circonstances, non seulement négligeables mais méprisables!

Hm. Peut-être que mon mal de ventre c'est de la colère. Ça paraît-tu que j't'en thérapie? En tout cas...

Maintenant, moi, j'peux pas vivre dans cette fiction-là.

Donc l'être hybride que je suis a...
(*diapos: lunettes*)

...une autre vision-fiction du monde. Et c'est une fiction où la notion d'identité n'est pas liée à une notion de frontières et de lignes de démarcation, mais à celles de passage et de voyage.

Dans ma petite histoire que j'me raconte et qui me permet de donner un semblant de sens à ma vie, je suis le petit poisson dans l'eau, je suis en mouvement dans un monde en mouvement.

Ma culture n'est pas une chose fixe et à l'extérieur de moi, mais intérieure et liée à mon voyage et à mes rencontres, mes échanges, mes rapports avec le monde.

Dans mon histoire, puisque les cultures sont portées par des êtres humains en chair et en os comme moi, toutes les cultures sont hybrides, sont en train de se transformer. Pas toutes de la même façon ni au même rythme, mais elles sont toutes engagées dans un mouvement.

Cette fiction m'aide à vivre parce que je ne me perçois plus comme un paria, mais comme un parmi d'autres. En démantelant les images de frontières, j'arrive à réintégrer d'une certaine façon l'humanité et son histoire.

Et une fois que j'arrive à me dire ça, Ah! je sens que je commence à ... Oui! à dénouer le nœud. Oui! Ah... Ok, une fois que j'ai écrit ça Culture et Identité: un passage, un voyage... Oui, ok Winnipeg, here I come!

Pis c'est à ce moment-là que je ressors le petit pamphlet et que je m'aperçois que la table ronde ça ne s'intitule pas Culture et Identité mais Culture et Identité... canadienne!

Ah! J'ai mal au ventre!

Pis là, j'ai presque pus de temps, fait que t'nez-vous ben, here we go: le sprint!

Maintenant qu'est-ce que tout ça a à voir avec l'identité canadiennne?

Dans la fiction du monde qui lie identité et frontière, il me paraît évident qu'il n'y a pas une culture canadienne dans le sens qu'on l'entend normalement quand on parle d'un état-nation, et dans le cadre de cette fiction-là, l'état-nation c'est LA référence. À l'intérieur des frontières géographiques de ce pays coexistent — et je simplifie — trois pôles culturels soit l'autochtone, l'anglophone, et le francophone, en plus d'une mosaïque — pour emprunter une expression consacrée mais très contestée et contestable — une mosaïque d'autres cultures entre guillemets. Ce que nous avons tous en commun n'est pas une culture, mais une histoire de conflits frontaliers et de tentatives de résolutions de ces conflits. Dans le cadre de cette fiction-là, une culture canadienne — celle d'un état-nation — ne peut émerger qu'à condition que le gros poisson mange tous les petits. Autrement, dans cette fiction-là toujours, on peut entrevoir d'autres scénarios bien sûr mais qui confirment les frontières, les érigent, les consolident, les négocient, whatever...

Maintenant, dans l'autre vision-fiction du monde, la fiction du bâtard, on pourrait être tenté, à première vue, de voir une espèce de porte de sortie, une espèce de lueur d'espoir au bout du tunnel des décennies de conflits et de débats. Oui, quelque chose qui pourrait ressembler à, à, à une identité canadienne qui serait, qui serait un agora, un lieu qu'on aurait en commun, un

246

lieu rassembleur, un lieu d'échanges, et qui serait en mouvement, une espèce d'immense Web site... Oui, à l'aube du vingt et unième siècle nous...

O My God! I better stop now, I'm about to describe the Enterprise! Don't get me wrong, I love Star Trek, but I wouldn't want to live there.

Non, dans la fiction du bâtard, il n'y a pas de solution magique unificatrice; le monde demeure un lieu de conflits où s'opposent les volontés des êtres. Tout au plus, elle change le regard qu'on pose sur l'autre: puisque je ne suis pas UNE chose et que je suis en mouvement, l'autre aussi l'est. Cela ouvre des portes, certes, des portes qui pourraient rester fermer autrement. Mais en même temps ça complique drôlement la situation.

Dans l'autre fiction, il y avait un bottom line: You're in, you're in. You're out, you're fucked. Un bottom line un peu cru mais qui a nettement l'avantage d'être assez limpide.

Dans celui-ci, s'il n'y a pas de in ni de out,

ou si, le in et le out changent à tout bout de champ pis que des fois t'es in, d'autres fois t'es out,

ou encore si tu peux être in pour tel aspect du in avec l'autre mais out pour un autre aspect avec le même, celui avec qui t'étais in tantôt. J'veux dire, t'sais...

Is there a bottom line?

Peut-être que non.

Maintenant, peut-être que moi j'peux vivre avec ça. Mais vous autres?

Oubliez pas que j'suis un bâtard, et que mes parents m'ont abandonné.

Qui sait quels crimes j'ai commis?

Lesquels je commettrai?
> (jeu: lunettes noires comme celles d'un aveugle)

Et ce que me réservent les dieux?

Cela dit, remarquez que chez Sophocle, il n'y a que les aveugles qui voient juste.
> (En quittant le podium en aveugle)

O just one last thing: Does anybody know if Ray Charles was in Ottawa in July of 1956?

...Just asking.

NOIR.

L'âme est une fiction nécessaire

un texte pour un acteur

> *à ma fille, Marielle*
> *qui apprend en ce moment à lire*

> *écrit donc à celle qui sera*
> *à propos d'un qui n'est plus*
> *et à d'autres toi bien sûr*
> *toi tout aussi fictif*
> *jusqu'au moment où tu ne l'es pas*
> *ne l'es plus*

> *toi maintenant*
> *au moment où tu lis entends*
> *ma voix la tienne*
> *peut-être celle d'un tiers*
> *sœur ou frère*

> *au départ*
> *il n'y a que ça*
> *jamais que ça*

> *une invitation*

Prologue

Aube et aube et aube
(aucune semblable)
et aubes encore
(chacune fin et source)

folle course des âmes
rivière aveugle et nous
dessus dedans
à rebours contre ou
avec le courant en descente
comme si nous étions traqués
depuis un amont
lointain

des eaux sombres
parfois
un saumon saute si haut
que j'oublie de respirer

Au pied du monument

(pierre grise du pays
stèle depuis cent ans
usée travaillée par le vent
grêle neige pluie)

le trou

deux pieds par deux pieds par
trop creux
même à genoux
penché au-dessus
je n'arrive pas à déposer
la petite boîte en acajou

(lourde
on ne s'y attend pas
pourtant des cendres
non
on ne s'y attend pas)

mais en m'appuyant les coudes
contre les bords
contre la terre
(humide à peine dégelée
on est en mars)
en me laissant glisser
peu à peu
elle touche enfin
le fond un lit
un nid de feuilles d'érable
trempées

je ne t'ai pas échappé
papa

et mon corps
se souvient encore
de l'effort nécessaire
pour m'extirper

L'âme est une fiction

Dans son lit d'hôpital
mon père délire

de l'autre côté de la fenêtre
il fait moins vingt-deux
et la nuit
est sur le point de se retirer

Pourquoi tu m'fais ça, Jean Marc?
Pourquoi tu m'fais ça?

le bourdonnement bzz à peine audible du néon
les grognements et spasmes de l'inconnu
qui partage sa chambre
et mon père qui continue

La porte... pourquoi 'est ouverte, la porte?

sa voix
puis celle d'une vieille soudain *J'ai mal* qui gémit
J'ai mal ça résonne dans le corridor de plus
en plus *J'ai mal* urgente et forte *J'ai mal* et suppliante

le regard de mon père

il a peur

a-t-il envie de dire
déjà?
le hurler (à qui?)

ou est-ce moi?
me mettant à sa place
inventant l'histoire
le jeu
une fin de partie

déjà?
(surpris) déjà?
(chuchotant) déjà?
(apeuré) déjà?

la garde entre

son nom est Lucie
et elle roule ses r comme une vraie bonne Franco-
Ontarienne de la Basse-Ville

C'est l'heure de vérifier sa pression.

quand Lucie lui demande
Tout va bien, monsieur Dalpé?
il ferme les yeux en faisant oui de la tête et
c'est une expression que je ne connais pas
dont je ne me souviens pas qui me
surprend
(m'agace est peut-être plus juste même si
je ne vois pas pourquoi ça
m'agacerait)
peut-être que ça remonte
à sa petite enfance faire oui comme il le fait
en réponse à sa mère
Tout va bien, Aurèle?

NON ÇA VA PAS ÇA VA PAS PANTOUTE CALVAIRE
J'T'EN TRAIN DE CREVER POURQUOI TU M'FAIS ÇA
POURQUOI

C'est beau. Maintenant, je vais vérifier vos pansements.

Je les quitte sors de la chambre marche dans le corridor
me rends à l'ascenceur descends au rez-de-chaussée
retrouve la salle d'urgence les portes automatiques
ouvrent et je franchis le seuil allume une cigarette

le froid
(j'ai oublié mon manteau)

et l'aube

c'est la voix d'une junky
c'est la voix d'une petite fille qui a peur du noir
c'est la voix d'une femme qui s'est fait violer

J'AI MAL

c'est la voix d'une Ojibway en colère dans un corridor
de l'hôtel Empire à Timmins à deux heures du matin
qui
c'est la voix d'une Vietnamienne en soixante-sept qui
tient un paquet dans ses bras et on ne veut pas savoir
c'est quoi le paquet parce qu'on sait très bien c'était
quoi avant l'arrivée des hélicoptères au-dessus du
village du feu du
c'est la voix de celle qui court dans le tableau de
Picasso et de celle qui courait vraiment ce jour-là à
Guernica
à Beyrouth à Dresde à Leningrad à Londres à Sarajevo à

J'AI MAL

c'est la voix d'une vieille qui se réveille
à l'hôpital Montfort au milieu de la nuit
seule

| 257

L'âme

un mot du petit catéchisme
qu'une dame (mme Richard)
pose sur mon pupitre à l'école Saint-Ménard
un matin

(le soir
les beaux gestes des belles mains
de ma mère
qui le recouvre de papier kraft
sur la table en formica de la cuisine)

QU'EST-CE QUE L'ÂME?

J'apprends les réponses
par cœur

(je soupçonne qu'il a dû
apprendre les mêmes
les a récitées lui aussi
sauf lui dans une salle de classe de l'école Guigues
debout devant une sœur grise
au regard imperturbable d'un oiseau de proie)

J'apprends les réponses
et je les répète et les répète et les répète
je ne les oublierai jamais

Je les ai oubliées

Tu me quittes

Tu me quittes
sans m'avoir montré
dit
sans m'avoir expliqué
me quittes sans
pour vrai me parler pour vrai

est-ce qu'il y a eu vraiment
une sœur grise au regard imperturbable
d'un oiseau de proie?

est-ce que c'est vrai
que ton père ne t'a jamais adressé
la parole?

Tu me quittes

Il est deux heures du matin

(après le téléphone d'Ottawa
je me suis rendu à l'aéroport Dorval
où j'ai pu louer une voiture)

l'autoroute est déserte
et l'auto est neuve et

Tu me quittes
sans m'avoir montré
dit
sans m'avoir expliqué
me quittes sans
pour vrai me parler pour vrai

et je la conduis vite
je roule et je roule

me quittes tu me quittes
sans pour vrai me parler pour

je roule
et j'accélère dans les courbes
j'accélère dans les lignes droites
j'accélère et je roule

sans m'avoir montré
sans m'avoir expliqué
tu me quittes me quittes

je roule et je roule
et si je me rendais
jusqu'aux Rocheuses

si je me rendais
au Nouveau-Mexique

à la Nouvelle-Orléans

pour écouter la musique
Cadjinne Zydeco
et danser faire le two-step
avec une 'tite-belle du Bayou Tèche
et prendre un verre ou deux ou cent et

LAISSER LE BON TEMPS ROULER
cher

Tu me quittes

Ah

L'alcool et toi

tes vingt-six et quarante onces
treize aussi parfois mais moins souvent
un mickey se vide trop vite mais ça peut être pratique
en voyage vers les maritimes dans le cooler Coca-Cola
rouge moins de place Ah l'alcool cher
l'alcool et toi la bière aussi de temps en temps
surtout en fin de semaine surtout
le dimanche matin au lieu de la messe
dans une des six coupes de champagne
gardées au congélateur toujours prêtes
comme les scouts Ah l'alcool et tes Manhattans
ton Manhattan quand midi sonne ou peu à peine avant
le son des glaçons qui pak kik
qui craquent quand tu verses remplis Ah
l'alcool et toi

et en fin de soirée le Brandy, Cognac ou Metaxa
et encore un
un p'tit dernier
en regardant une émission
de National Geographic
à propos des grands félins
ou en écoutant le film
de minuit
avec
Bogie

Papa
Papa va t'coucher
le film est fini

Je suis le monsieur
dans la cage étroite
de l'escalier
qui mène au sous-sol
de Racine, Robert et Gauthier inc.
sur la rue Saint-Patrick
(en biais et à quelques pas de l'église
où mes parents se sont mariés
j'ai vu les photos)

Pour l'identification

Je suis le monsieur
Je descends

En bas
il n'y a
ni Styx ni barque
ni Cerbères
qu'un sac de plastique noir
sa fermeture éclair
ouverte jusqu'au cou

Oui. C'est lui.

Il y a beaucoup
à faire
paperasses actes de décès téléphones
comptes en banque ministères journaux
on m'informe des démarches à suivre
des formulaires à remplir
des rituels à respecter

je dresse des listes
de tâches
sur le dos des enveloppes qui traînent
sur la table de la cuisine
sur des bouts de papier où j'écris
en haut au centre
en lettres majuscules

À FAIRE

des listes
comme celles que je dresse
quand je prépare mes déclarations
à l'impôt
comme celles que je dresse
quand il me reste trois cents dollars
à mon nom

je fais tout ça
comme quand j'étais petit c'est-à-dire
comme un grand
pour que ma mère soit fière

les crises de panique
sont brèves
mais ô profondes
m'extirper

il faut faire un effort
pour m'extirper

Il semblait toujours
y avoir assez d'argent
pour tout ou
presque

sans jamais d'explication

un jour, tu avais un magasin de meubles
un jour, tu travaillais dans celui d'un autre
un jour, tu vendais des tapis
un jour, des rideaux
des chaises de parterre, des cadenas
des
un jour, tu m'as dit
le gouvernement achète moins
et tu m'as demandé cinq cents dollars
je te les ai donnés sans poser
de questions

un jour, tu portais l'uniforme d'un commissionnaire

(l'ironie du sort (?) a voulu
qu'on t'accorde le poste
à l'entrée du Conseil des Arts du Canada)

mais il semblait toujours
y avoir assez d'argent
pour tout ou presque

sans jamais d'explication

Après ton premier séjour à l'hôpital
quand tu as décidé d'arrêter de travailler
tu as pris le temps de m'expliquer vos régimes de
pension

Tu vois. On n'a pas de problèmes...
Eh Blanche, les steaks sont prêts, sors tes patates!

ensuite à chaque visite
ou presque
quand on se retrouvait seuls tous les deux
la même explication *Tu vois. On n'a pas de problèmes.*

j'aurais dû m'en douter
calvaire

Je suis le monsieur
dans la cage étroite
de l'escalier

je remonte

à son bureau
choisir la boîte en acajou

oui
en calculant le prix

cher

Je me ferme les yeux
te vois
à quarante ans (mon âge)
tu souris

j'ai donc sept ans

à sept ans
je passe mes grandes journées
à tuer
plein d'Apaches, de Comanches, de Hors-la-loi
de Los Desperados
les trouant de balles les tirant pkich pkich
avec mes deux Colts ma Winchester pkouch pkouch
bien caché derrière le lazyboy
dans le coin du salon

tu me souris
comme le père
dans Leave it to Beaver
en traversant le salon
plein de corps morts
sans trébucher
sans échapper une seule goutte
de ton verre
(non
pas de Manhattan
le Manhattan est venu
plus tard)

et je continue
à tuer

tirant maintenant
ceux qui s'approchent de toi
avec leurs longs couteaux
dans ton dos

te sauvant la vie
d'innombrables fois

innombrables

comme les bisons des grands troupeaux
qui traversent la vaste plaine

comme les brins d'herbes fleurs sauvages
qui poussent dans la vaste prairie

comme les étoiles planètes météores galaxies
qui brillent dans le vaste ciel

dans ma tête de cowboy de sept ans

Dans ma tête de cowboy de sept ans
j'en rate pas un
pas un ostie

Hee haw

Dans ma tête de cowboy de quarante ans

mon père marche parmi les lions
dans la savane africaine
d'une émission de National Geographic

il a le corps
qu'il avait en 1942
quand il a rencontré ma mère
en Nouvelle-Écosse

(j'ai vu la photo
sauf qu'ici il a enlevé
l'uniforme gris-bleu du RCAF
et qu'il est nu)

j'entends sans voir
l'eau d'un grand fleuve
qui coule tout près

des battements d'ailes
un barrissement d'éléphant
la rumeur d'une multitude

les yeux de mon père
s'écarquillent

la tête d'une lionne se dresse

le soleil se couche

l'heure de la chasse approche

mon père se met à danser
parmi les lions

à danser, cher
comme il n'a jamais dansé de sa vie

Dans ma tête de cowboy de quarante ans
je remonte sur mon cheval
et je poursuis mon chemin

Hasta luego, Papa

L'âme ne tient pas à

il est le fil
du conte

à toute allure
qui défile

sans cesse tissé
avec les restes retailles
tout ce qui peut servir

à continuer

une fiction
nécessaire

Épilogue

Rivière aveugle

suivre l'appel
surprise par les rapides
les chutes
mais continuer

et suivre l'appel

briser les roches
et tantôt
à leur tour
te faire briser
ou encore les lécher
celles des rives
ou celles qui du lit
pointent au ciel

mais suivre l'appel

avec ton courant
qui bat le tambour
au-dedans
même au coude calme
sous le soleil
avec les arcs-en-ciel des truites
et le ballet des araignées d'eau
pour la vieille Ojibway
qui vient tremper ses pieds
pourtant continuer

et suivre l'appel

changer de saisons, de visages, de noms
se laisser prendre et puis prendre
se laisser percer et puis percer
et puis bercer
aveugle
comme vieille chanson
dans les plus vieilles rides
avec les troncs d'anciens arbres
les bras et les corps d'anciens rêves
et le reflet de tout cela

et toujours suivre l'appel

aveugle
rivière aveugle
blind river of the soul
âme aveugle de la rivière

me fait descendre
jusqu'à la mer.

Fin